JN084197

朝がくるたび　新しい季節へ

ATELIER to nani IRO　季節をまとう　一年の服

ここでは洋服に使用されたテキスタイルを紹介しています。
季節の風を感じたら心をおどらせて、このページを何度でも開いてください。
作ってみたい形と布を自由に組み合わせて、ソーイングで表現する楽しみを!

p.12 _ P
After the rain
ダブルガーゼ

p.13 _ J
New morning
綿シルク

p.15 _ A
Air Time
ダブルガーゼ

p.16
New
morning
ダブルガーゼ

p.16, 17 _ F

p.17
Air Time
コットンリネン

p.17
Fuwari
fuwari
ダブルガーゼ

p.24 _ E
New morning
綿シルク

p.24 _ L
ブーゲンビリア
リネン

p.25 _ D, M
クリアブラック
リネン

p.25 _ C
New morning
綿シルク

p.26 _ A
New morning
綿シルク

p.26 _ M
wild flower
レクセル

p.33 _ G
Piece by Piece
リネン

p.33 _ K
Hakko
リネン

p.34 _ I
アッシュベージュ
リネン

p.35 _ I
Hakko
綿シルク

p.39 _ B
ウールガーゼ

p.39 _ J
トープ
リネン

p.40 _ E
アイスグレー
リネン

p.41 _ M
Piece by Piece
レクセル

p.38, 42 _ R
Hakko
リネン

F
スタンドカラー
タックドレス
p.16, 17, 30

G
2way シャツ
p.10, 33, 36

H
2way シャツ
チュニック
p.23

I
レディオタック
ワンピース
p.34, 35, 37

O
カシュクール
ローブ八分袖
p.32, 33

P
コックドレス
p.12, 18, 20

Q
ギャザードレス
袖なし
p.27

R
ギャザードレス
長袖
p.28, 38, 42

3

惑星

夜明けの空を見上げて

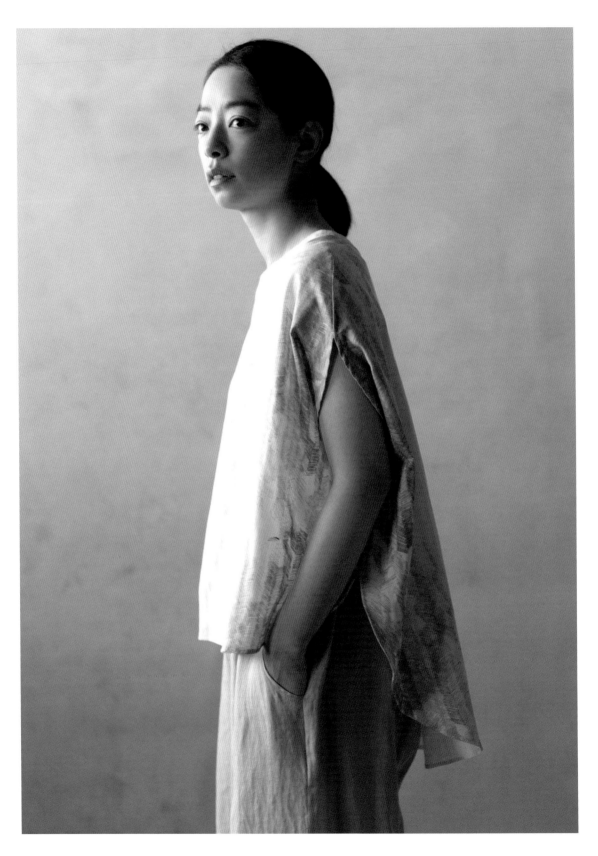

A　コクーンスモック　*p.58 (other p.15, 26)*　　J　W ワイドパンツ　*p.68 (other p.11, 13, 39)*

N カシュクールローブ半袖 *p.86*　L テーパードパンツ　*p.71 (other p.21, 24, 36)*

春霧が光にかわっていく　満ちる窓辺

G　2way シャツ　*p.82 (other p.33, 36)*　　J　W ワイドパンツ　*p.68 (other p.6 , 13, 39)*

世界がこのひとときに見惚れていた

雨上がりのように

P コックドレス p.89 (other p.18, 20)　　J Wワイドパンツ p.68 (other p.6, 11, 39)

春のやさしいところが　とけあう景色

A　コクーンスモック　*p.58 (other p.6, 26)*

F　スタンドカラータックドレス　*p.78 (other p.30)*

すみれを摘んで帰る道　子ども心に美しいと思ったことを

P コックドレス p.89 (other p.12・30)

19

P　コックドレス　*p.89 (other p.12, 18)*

C　バイアスタンクトップ　*p.62 (other p.25)*　　L　テーパードパンツ　*p.71 (other p.9, 24, 36)*

透かせる　産色　産光

E　フリーダムベスト　*p.66 (other p.40)*　　L　テーパードパンツ　*p.71 (other p.9, 21, 36)*

D　コクーンショートハオリ　*p.64 (other p.37)*　　　C　バイアスタンクトップ　*p.62 (other p.21)*　　　M　アンティークスカート　*p.73 (other p.26, 41)*

A　コクーンスモック　*p.58 (other p.6, 15)*　　M　アンティークスカート　*p.73 (other p.25, 41)*

Q ギャザードレス袖なし *p.92*

R　ギャザードレス長袖　*p.92 (other p.38, 42)*

F　スタンドカラータックドレス　*p.78 (other p.16, 17)*

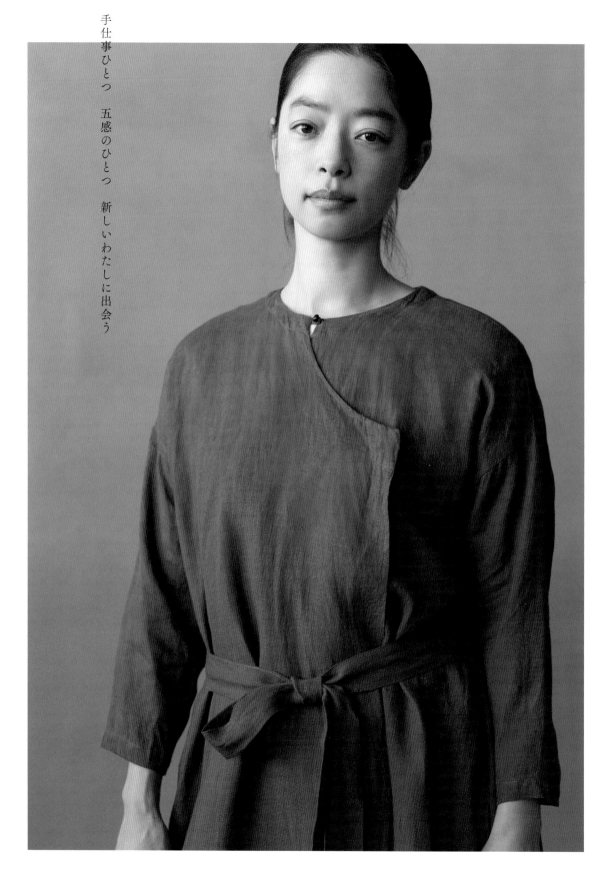

手仕事ひとつ　五感のひとつ　新しいわたしに出会う

O　カシュクールローブ八分袖　*p.86 (other p.33)*

O　カシュクールローブ八分袖　*p.86 (other p.32)*　　　G　2way シャツ　*p.82 (other p.10, 36)*　　　K　ファーマーズパンツ　*p.68 (other p.23)*

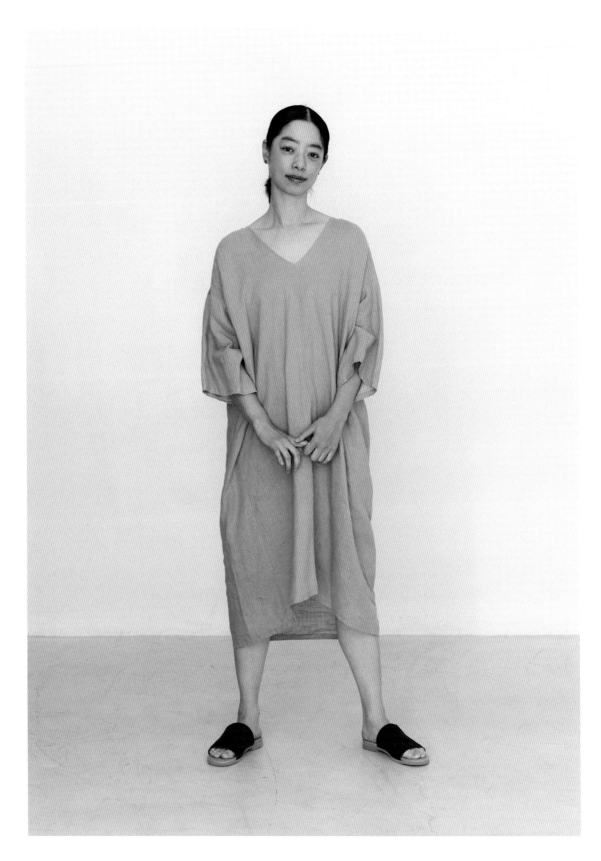

I　レディオタックワンピース　*p.75 (other p.35, 37)*

大切にできた日の 夕暮れに

G　2way シャツ　*p.82 (other p.10, 33)*　　L　テーパードパンツ　*p.71 (other p.9, 21, 24)*

D コクーンショートボレロ p.74 (other p.25)　　I レディオタックワンピース　p.75 (other p.34, 35)

B コクーンニットワンピース *p.60 (other p.39)*　　R ギャザードレス長袖　*p.92 (other p.28, 42)*

B コクーンニットワンピース *p.60 (other p.38)*　　J Wワイドパンツ *p.68 (other p.6, 11, 13)*

E フリーダムベスト *p.66 (other p.24)*   M アンティークスカート *p.73 (other p.25, 26)*

R ギャザードレス長袖 *p.92 (other p.28, 38)*

pour light on vessel

光を注ぐ実り
器へ　小舟へ　一枚の布へ

model: Miwako Ichikawa　photo: Jun Okada　styling: Setsuko Todoroki　hair&make-up: Hiromi Chinone　graphic design: Kei Sumiya
textile & words: Naomi Ito　sewing: ATELIER to nani IRO

43

冬の光がおわる頃、春が告げられ　その先の夏も秋も　愛おしく

44

嬉しいと感じていたことが
本当にどれだけ嬉しいことなのか
かみしめるようにもう一度ふれて

Naomi
reo,

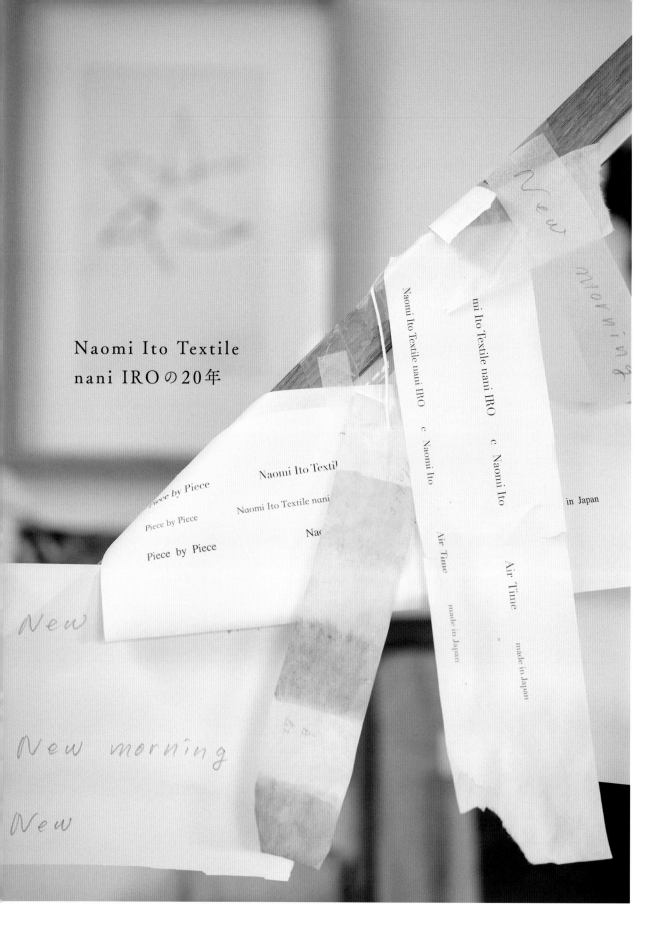

Naomi Ito Textile
nani IRO の20年

ハワイ語で「美しい」という意味の「nani」に、日本語の「色」を合わせたテキスタイルブランド・nani IROが生まれ、20年という月日が流れました。四季折々の自然の営みや光の輝きを水彩で絵として描き、それを布の柄としてデザインしていく。長く続けてこられたのは、作風とテキスタイルの表現方法がフィットし、楽しく挑戦できたことがいちばん大きいです。今では国内のみならず、海外30か国以上の人々に愛していただき、一枚の絵だけでは決して届けることのできなかった、世界への広がりを感じています。

9年前、大阪・京町堀に「ATELIER to nani IRO」という場所が生まれ、ソーイングのスタッフと細やかに思いを共有できるようになり、でき上がった布を服に仕立て、布の魅力をより多角的に伝えられるようになったことも、大きかったと思います。nani IROの布は、どこでハサミを入れるか、どの部分でパーツをとるかによって、印象もガラリと変わります。最終的には布の受け取り手の感性にゆだね、その人の服として育ててもらう。テキスタイルの仕事を始める前に他界した母方の祖父が、テーラーを生業にしていたことも、奥深くで背中を押してくれているような気がしています。

この本は2年以上かけて掲載するパターンを吟味し、準備してきました。春から夏、秋から冬へと移ろう四季、そして早朝から太陽が差す昼、夕暮れから夜までの一日の流れ。ふたつの時間を重ね合わせた、ストーリーを感じる写真で構成したいと考えました。

素晴らしい制作スタッフのかたがたの感性の集まりで、一枚一枚の衣服が愛しく目に映り、私自身も気づかなかった、nani IROの新しい表現、組合せ方を教わりました。私のこの経験は、この本の持つ役割とリンクしているように思います。「こんな風に着ると新鮮」「こんな組合せも素敵」と提案していますが、最終的には「新しいあなたらしさ」を見つける手立てにしてください。

不思議ですが、お仕立てや服作りをするとなると、既製品の服を選ぶのとは違い、ちょっとした冒険や新しい自分への挑戦をするかたがとても多いのです。それこそが布やソーイングの持つ力です。

布を選び、創作し、完成させる達成感、それから装うことや贈ることの喜び。本のページをめくるたびにそういう豊かさの連なりを感じてもらえたら、こんなにうれしいことはありません。

布からはじまる、豊かさの連なり

ATELIER to nani IRO
Sewing アレンジ

本書の洋服は、アトリエのスタッフ全員でアイディアを出し合い、デザインから仕立てまでを行なっています。日常になじむように改良を重ねてたどりついた自信作です。作り方に沿いながら仕立てるのはもちろん、見方を変えて、創意工夫することもソーイングの楽しみです。ここでは、スタッフによる簡単なアレンジをご紹介します。ご自身のひらめきのきっかけになりますように!

生地＝New morning（綿シルク）、別布はブーゲンビリア（リネン）

パーツの生地を替える

Q ギャザードレス袖なし → ブラウス

ドレスの丈を50cm短くしました。衿ぐりのリボンと前立ての生地の色を替えてアクセントに。

用尺＝Mサイズで104cm幅290cm、別布104cm幅140cm

掲載ページ p.27

M アンティークスカート
　　→ ポケット口をアレンジ

ポケット口の生地の色を替えて、ブラウスとおそろいの生地で作ってセットアップに。

用尺＝Mサイズで104cm幅220cm、別布20×20cm

掲載ページ p.25, 26, 41

A コクーンスモック → 裾の長さの変更

前身頃の裾の長さを後ろ身頃の裾の長さにそろえて長くしました。インしやすい長さです。丸みのあるコクーンシルエットをより一層楽しめる形になります。

生地＝Air Time（ダブルガーゼ）
用尺＝Mサイズで104cm幅170cm

掲載ページ p.6, 15, 26

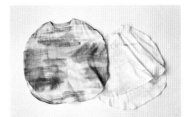

丈を替える

左はパターンどおりの後ろが長い丈、右が前後をそろえた丈。

ひと手間加える

I レディオタックワンピース → ステッチをプラス

ダーツで表現された衿ぐりのレディオライン（放射状の線）。このラインに沿ってちくちくハンドステッチを施して、ダーツを強調しました。糸の色を自由に楽しんでください。

生地＝プリズムイエロー（リネン）

掲載ページ p.34, 35, 37

F スタンドカラータックドレス → チュニック丈

小柄なかたでも着やすいようにSサイズの丈を膝が少し出る長さに。ファーマーズパンツを合わせてバランスをとります。

生地＝Lei nani（リネン）
用尺＝Sサイズで104cm幅200cm

掲載ページ p.16, 17, 30

C バイアスタンクトップ → シルエットのアレンジ

両脇にギャザーをクシュッと寄せてシルエットのチェンジ。仕上がったタンクトップの両脇にギャザーを2本入れて縮めます。ギャザー量と長さはお好みで。タンクトップと重ね着して、色や生地の動きを楽しんでください。丈をのばしてチュニックへも！

生地＝プリズムイエロー（リネン）

掲載ページ p.21, 25, 62

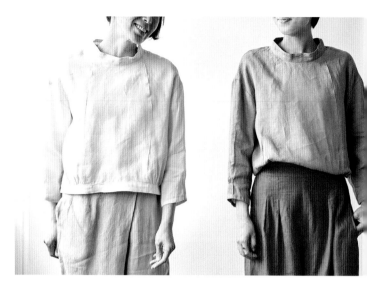

P コックドレス → ブラウス

スカート部分は省略して、身頃だけを作ってブラウスに。
作り方手順7のときにウエストベルトの裾を表ベルト、裏
ベルト共に1cm内側に折り、縫い合わせます。

生地=左・ミストローズ（リネン）、右・トープ（リネン）
用尺=Mサイズで104cm幅190cm

掲載ページ p.12, 18, 20

丈を替える

E フリーダムベスト → エプロンドレス

丈をそのまま60cm長くしました。ひもの絞り方で表
情が変わり、重ね着も楽しめます。裾の長さ、ひもの長
さはお好みで。

生地=Piece by Piece（リネン）
用尺=104cm幅×310cm　　　　　掲載ページ p.24, 40

N カシュクールローブ半袖
　→ ボレロ丈

丈を大胆に67cm短くしました。ベルトもポ
ケットもなく軽い着心地です。

生地=アーミッシュブルー（リネン）
用尺=Mサイズで104cm幅140cm

掲載ページ p.9

O カシュクールローブ八分袖
　→ ショート丈

丈を40cm短くしてカーディガンのように。前を開けてはおりとしても使え
ます。ウエストリボンをなくせば、男女を問わずハレの日にも着ていただけます

生地=wild flower（レクセル）
用尺=Mサイズで104cm幅280cm

掲載ページ p.32,

50

D コクーンショートハオリ
→ パッチワーク&リバーシブル

シンプルなハオリに手仕事をプラスして特別な一着に。一
枚の布（ハオリが余裕でとれる大きさ）の上に、自由にハギ
レをつなぎ合わせて、パッチワーク布を作り、もう一枚の裏
布と合わせて仕立てます。リバーシブルで着られるようにど
んでん返しで縫い合わせます。生地のかけらも新たな生地
に生まれ変わるという発見があります。

用尺＝Mサイズで104cm幅280cm、ハギレ適宜

掲載ページ p.25, 37

生地＝wild flower（レクセル）

季節をまとう 一年の服
Line up

ソーイング初心者のかたでもラクに作れるものから、作りがいのあるテクニカルなものまで。
★が増えるごとに難易度が高くなっていきます。体をしめつけすぎない心地よい服を、季節に合わせて生地を替え、軽やかにまとってください。

A コクーンスモック　★

丸みのある女性らしい形のトップスです。後ろの丈をぐっと長くし、縦のラインを作ることで動きが生まれます。両サイドにスリットが入っているため、前だけウエストにインしたり、後ろだけインにしたりいろいろな着方が楽しめます。

p.6
After the rain
ダブルガーゼ

p.26
New morning
綿シルク

p.15
Air Time
ダブルガーゼ

B コクーンニットワンピース　★

素材は少し伸縮性のあるウールガーゼ。縫製後に軽くもみ洗いして縮絨させ、ニットのような風合いを出しました。縫い代は裁切りのままでOK。しかも前後同じパーツを縫い合わせるだけ。パンツ、スカート、ワンピース、何にでも合わせやすく、簡単なのに着回しにも重宝する理想的な一枚です。

p.39
ウールガーゼ

p.38
ウールガーゼ

C バイアスタンクトップ　★

衿ぐり、袖ぐりは裁切りのバイアス布を重ねて縫うだけなのに表情が出る嬉しいアイテム。パンツと同じ生地で作ってオールインワン風にしてもすてきです。インナーとしても使い勝手がいいので、生地違いで作りましょう。

p.25
New morning
綿シルク

p.21
Fuccra:rakuen
リネン

D コクーンショートハオリ　★★

Aのコクーンスモックからアレンジしたアイテムです。夏はリネンでさらっと、冬はファーで暖かく、素材を替えてオールシーズン楽しめます。p.51のソーイングアレンジでは2枚合わせで、リバーシブル仕様の提案をしています。

p.37
オーガニックファー
オーガニックコットン

p.25
クリアブラック
リネン

E フリーダムベスト　★★

ウエストのひも通しは、身頃をたたんで縫うだけ。ギャザーをゆるく寄せたり、ギュッと絞ったり、様々なシルエットを出すことができます。p.50のソーイングアレンジでは丈をのばしてエプロンドレスにしました。

p.24
New morning
綿シルク

p.40
アイスグレー
リネン

F スタンドカラータックドレス
★★★

Pのコックドレスをシンプルにして作りやすくしたドレス。身頃にタックを入れ、ほどよくシェイプさせた女性らしいシルエットです。衿ぐり以外はほぼ直線縫いだから意外と簡単です。

p.16
New morning
ダブルガーゼ

back style

p.17
Fuwari fuwari
ダブルガーゼ

p.30
シナモンレッド
リネン

p.17
Air Time
コットンリネン

G 2way シャツ
★★★

前後どちらでも着られるデザインです。短冊を前にもってきてカジュアルに、後ろにするとハイネックになり、ドレッシーな雰囲気に。

p.33 Piece by Piece
リネン

back style

p.10
BIRDS EYE
ダブルガーゼ

p.36
New morning
綿シルク

H 2way シャツチュニック ★★★

Gの2wayシャツの丈をのばすとチュニックになります。両サイドに深めのスリットを入れることで足さばきがよく、軽さと動きが出ます。素材によって様々なテイストを表現できます。

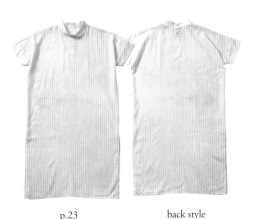

p.23
Piece by Piece
レクセル

back style

I レディオタックワンピース ★★★

前後2通り楽しめるデザイン。後ろの衿ぐりから放射状に入ったダーツがデザインポイントです。前はくつろいだ雰囲気のVネックになっており、着こなしに合わせて選べる便利なワンピースです。

p.37
プリズムイエロー
リネン

back style

p.34
アッシュ
ベージュ
リネン

p.35
Hakko
綿シルク

J Ｗワイドパンツ ★★★

ゆったりと裾に向かって広がるシルエットでありながら、タックや深めのポケットで腰回りが安定してすっきり。前ベルトなので、トップスをインにしてもバランスがとりやすいです。動きと共に風をはらみ、スカートのような印象も感じられます。

p.39
トープ
リネン

p.6, 11
フラックスベージュ
リネン

p.13
New morning
綿シルク

K ファーマーズパンツ ★★★

JのＷワイドパンツからのアレンジで、丈を少し短くして丸みのある形に。裾に深めにダーツを入れることで、ゆったりしていながら、スレンダーなシルエットを生み出します。テイストを選ばないパンツです。

p.23
シナモンレッド
リネン

p.33
Hakko
リネン

L テーパードパンツ ★★★

ウエストの大きなタックでレイヤーを作ったラップパンツのようなデザイン。ウエストインにしてポイントを見せる着こなしがおすすめ。ウエストゴムで、ヒップ回りはゆったりと、裾に向かって細身に。素材によってデイリーにもドレッシーにも。

p.36
アッシュベージュ
リネン

p.9
アンティークホワイト
リネン

p.21
Fuccra:rakuen
リネン

p.24
ブーゲンビリア
リネン

M アンティークスカート ★★★

ポケット口はアンティークの服から着想を得ました。ギャザードレスの衿もとと同じデザインです。ギャザー分量は、腰回りがすっきりと見えるボリューム感にしています。少し長めの丈でエレガントに着こなしてください。

p.41 Piece by Piece
レクセル

p.26
wild flower
レクセル

p.25
クリアブラック
リネン

N カシュクールローブ半袖 ★★★★

シノワズリーなムードが漂うローブ。合わせ部分は内側の隠しボタンでとめるミニマムな作り。着脱可能なウエストベルトをキュッと締めて、クリーンな着こなしに。

p.9
アンティークホワイト
リネン

O　カシュクールローブ八分袖　★★★★

Nのローブに袖をつけたデザイン。
ボタンをあけてラフにはおってもすてきです。

Q　ギャザードレス袖なし　★★★★

Rのギャザードレスの袖なしタイプ。前後どちらでも
着られるデザインです。衿もとのリボンの結び方で
表情を楽しんでください。リネンでさらっと、夏を満
喫できるようなドレスです。

p.27
ピーコックグリーン
リネン

p.32　スモーキーグレープ
リネン

back style

p.33　Air Time
コットンリネン

P　コックドレス
★★★★★

イメージはコックコー
ト。身頃の切替え、ウエ
ストにほんのり入った
ギャザー、袖口の繊細
なタックなど、魅力的な
ディテールを取り入れま
した。ストンとした形な
がら、ウエストベルトで
すっきりと。p.13では、
クロスでウエストマーク
した着こなしを提案し
ています。

p.18　New morning
綿シルク

back style

p.12
After the rain
ダブルガーゼ

p.20
Lei nani
リネン

R　ギャザードレス長袖
★★★★★

随所に入ったギャザー、袖山
や袖口の細かいタック、袖の
カフスなど、様々な縫い方が
詰まった上級者向け。服作
りに慣れてきたらぜひチャレ
ンジしてみてください。コット
ンシルク、レクセル、サテン
で作るとギャザーも寄せやす
く、仕上りもきれいです。

p.28　Piece by Piece
レクセル

back style

p.38, 42
Hakko
リネン

●本書に掲載した洋服の生地は、オンラインストア及び、アトリエで購入することができます。くわしくは、p.56をご覧ください。

愛おしい一着を仕立てるために
アトリエをのぞいてください。

大阪・西船場公園前、古い佇まいのビルの2階に ATELIER to nani
IRO はあります。Naomi Ito Textile nani IRO の新作が一同にそろうフ
ラッグショップとして、また、スタッフが創作のアイディアを練るアトリエと
しても機能し、ソーイングの楽しさを発信しています。ソーイングに熟知
したスタッフに生地選びや服作りのアドバイスをたずねたり、実際に生地
に触れ、ご自身の創作のヒントを見つけにいらしてください。オンライン
ショップのテキスタイルもスタッフが一枚ずつていねいにカットして、アト
リエからお届けしています。

ATELIER to nani IRO

大阪市西区京町堀1-12-28 壽会館ビル2F
tel：06-6443-7216
atelierto@naniiro.jp

nani IRO　https://naniiro.jp
Instagram　@atelier_to_naniiro_textile

＊営業日、イベントやワークショップなどの
　情報はInstagramよりご確認ください。

ONLINE STORE
https://online.naniiro.jp

How to make

サイズの選び方

*付録の実物大パターンは、S／M／L／2Lの4サイズ展開。E フリーダムベストのみフリーサイズです。

*下記のサイズ表、作り方の出来上り寸法を参考にしてください。

*丈はお好みで調整してください。

サイズ表

(単位はcm)

部位／サイズ	S	M	L	2L
身長	150〜154	155〜166	155〜170	155〜170
バスト	76〜82	79〜90	86〜92	92〜100
ウエスト	60〜66	64〜70	70〜75	75〜85
ヒップ	83〜90	87〜95	93〜101	98〜105

実物大パターンの使い方

*実物大パターンは別紙に写し取って使います。パターンに重ねて線が透ける程度の、
ハトロン紙のような紙を用意して必要なパターンを写します。

*異なるアイテムやサイズの線が交差しているので、写し取る線をマーカーペンや色鉛筆などで
なぞっておくと分かりやすいでしょう。

*出来上り線のほか、布目線や合い印、ポケットのつけ位置なども忘れずに写し取ります。

布の下準備

*完成後の洗濯による縮みや形くずれを防ぐため、布は裁断前にあらかじめ水通しをして、布目を整えます。

裁断する前に

*実物大パターンには、縫い代がついていません。
布を裁つときは、作り方ページの裁合せ図に表記されている縫い代をつけてください。

*ひもやループなど直線裁ちのパーツは、実物大パターンをつけていないものがあります。
裁合せ図にしるした寸法で、パターンを作るか布に直接印をつけて裁ってください。

*裁合せは、サイズによってパターンの配置が変わる場合もあります。
布に必要なパターンを置き、確認してから裁ってください。

作り方ページの注意点

*準備、作り方順序に「ロックミシンで始末する」と書かれている布端の始末をする際、
ロックミシンがない場合はミシンのジグザグ縫い機能を使用してください。

A　コクーンスモック

→p.6、15、26

[出来上り寸法] ＊左からS／M／L／2L
バスト＝136／140／144／149cm
着丈＝71／72／73.2／74.5cm

[パターン]　2表(赤)

[材料] ＊左からS／M／L／2L
表布＝104cm幅160／160／160／170cm
接着芯＝70×15／15／15／15cm

[準備]※裁合せ図も参照
＊前後見返しの裏に接着芯をはる。
＊前後身頃の肩から脇のスリット止りの1cm下まで、縫い代端をロックミシンで始
　末する。

[作り方順序]
1　身頃の肩から脇を、袖口を残して縫う。
2　袖口にステッチをかける。
3　前後見返しの肩を縫う。
4　衿ぐりを見返しで縫い返す。
5　裾を始末する。

[裁合せ図]

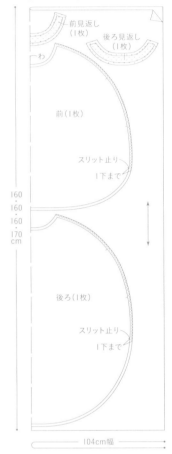

＊すべて縫い代1cm
＊▒▒▒▒は接着芯をはる位置
＊用尺は上からS／M／L／2L

[作り方順序]

1 身頃の肩から脇を、袖口を残して縫う。　　　　　**2** 袖口にステッチをかける。

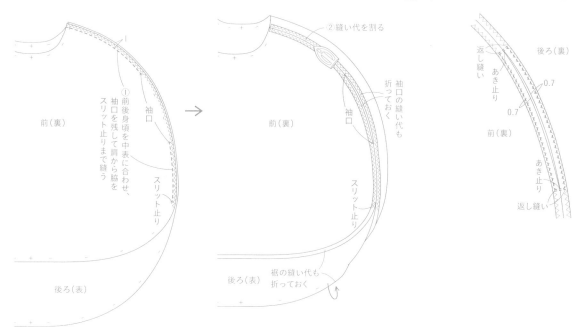

3 前後見返しの肩を縫う。

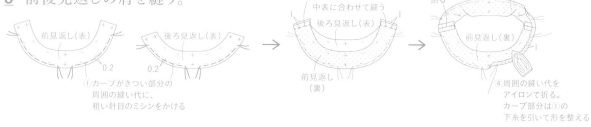

4 衿ぐりを見返しで縫い返す。　　　　　**5** 裾を始末する。

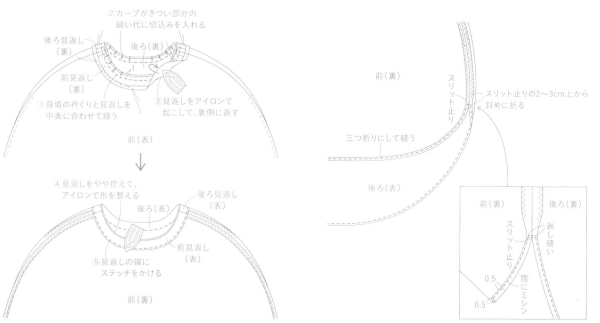

B　コクーンニットワンピース

→p.38、39

[出来上り寸法] * 左からS／M／L／2L
バスト＝約140／146／150／156cm
着丈＝約111／113／115／117cm

[パターン]　1表(赤)

[材料] * 左からS／M／L／2L
表布(ウールガーゼ)＝
　　130cm幅240／240／250／250cm

[作り方順序]
1　身頃の肩から脇を、袖口を残して縫う。
2　袖口にステッチをかける。
3　裾を始末する。
4　洗って縮絨する。

[作り方順序]

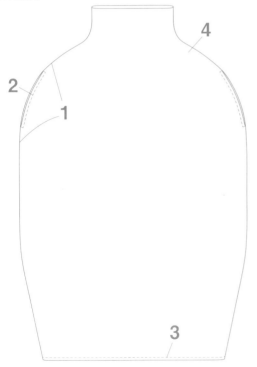

[裁合せ図]

前(1枚)

パターンの上下を
突き合わせる

後ろ(1枚)

パターンの上下を
突き合わせる

240
240
250
250
cm

わ

130cm幅

＊指定以外は縫い代1cm
＊用尺は上からS／M／L／2L

1 身頃の肩から脇を、袖口を残して縫う。

後ろ（表）

①前後身頃を中表に合わせ、袖口を残して衿ぐりから脇を縫う

袖口

前（裏）

後ろ（表）

②縫い代を割る

袖口の縫い代も折っておく

袖口

前（裏）

2 袖口にステッチをかける。

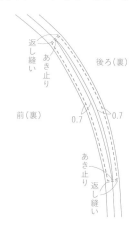

返し縫い

あき止り

後ろ（裏）

前（裏）

0.7

0.7

あき止り

返し縫い

3 裾を始末する。

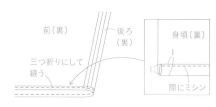

前（裏）

後ろ（裏）

三つ折りにして縫う

身頃（裏）

際にミシン

4 洗って縮絨する。

ワンピース

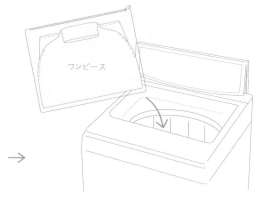

ワンピース

①シャワーやお風呂程度の温度（40度前後）の湯を、
ワンピースが充分浸かるバスタブやたらいなどに張る。
ワンピースを入れて1分間、しっかり揉み洗いする。
裁切りの縫い代と衿ぐりは、生地端がほつれないよう特にしっかり揉む

②ワンピースを洗濯用ネットに入れて、
洗濯機の脱水にかける。
脱水後、裁ち端から出ている糸は切る

ワンピース

③濡れた状態で低温アイロンを当て、形を整えて干す。
＊好みのサイズになるまで、「洗う→縮ませる→干す」を繰り返す。
縮ませたものは元に戻らないので、様子を見ながら少しずつ縮ませる
＊さらに縮ませたい場合は、「湯の温度を上げる」
「少量の洗濯用洗剤を加えて洗う」「揉み洗いする時間を長くする」

C　バイアスタンクトップ

→p.21、25

[出来上り寸法] ＊左からS／M／L／2L
バスト＝93.8／99／103／109cm
着丈＝70.8／71.7／72.8／74cm

[パターン]　1裏（赤）

[材料] ＊左からS／M／L／2L
表布＝104cm幅180／180／180／190cm

[準備] ※裁合せ図も参照
＊前後身頃の脇の縫い代端をロックミシンで始末する。

[作り方順序]
1　肩を縫う。
2　脇を縫い、スリットにステッチをかける。
3　衿ぐり、袖ぐりにバイアス布をつける。
4　裾を始末する。

[裁合せ図]

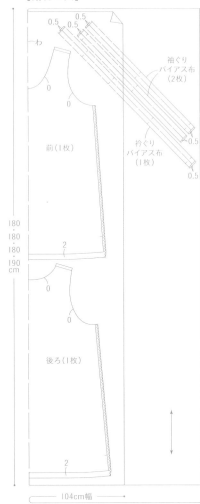

＊指定以外は縫い代1cm
＊用尺は上からS／M／L／2L

[作り方順序]

1　肩を縫う。

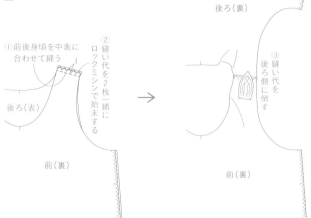

2 脇を縫い、スリットにステッチをかける。

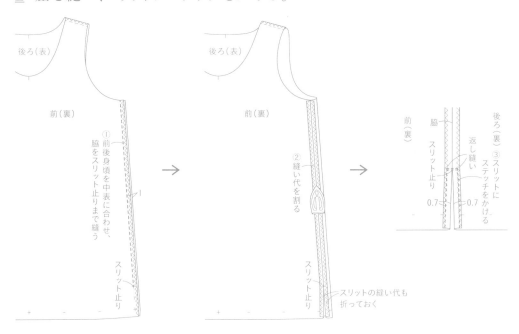

後ろ（表）

前（裏）

① 前後身頃を中表に合わせ、脇をスリット止りまで縫う

スリット止り

後ろ（表）

前（裏）

② 縫い代を割る

スリット止り

スリットの縫い代も折っておく

前（裏）

脇

スリット止り

後ろ（裏）

③ スリットにステッチをかける

返し縫い

0.7　0.7

3 衿ぐり、袖ぐりにバイアス布をつける。

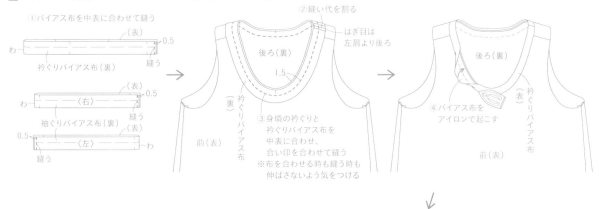

① バイアス布を中表に合わせて縫う

わ

衿ぐりバイアス布（裏）

（表）

0.5

縫う

わ

袖ぐりバイアス布（裏）

〈右〉

（表）

0.5

縫う

0.5

〈左〉

（表）

わ

縫う

② 縫い代を割る

後ろ（裏）

1.5

（裏）

衿ぐりバイアス布

前（表）

はぎ目は左肩より後ろ

③ 身頃の衿ぐりと衿ぐりバイアス布を中表に合わせ、合い印を合わせて縫う
※布を合わせる時も縫う時も伸ばさないよう気をつける

後ろ（裏）

④ バイアス布をアイロンで起こす

衿ぐりバイアス布（表）

前（表）

↓

⑥ 衿ぐりと同様に、袖ぐりと袖ぐりバイアス布を中表に合わせて縫う

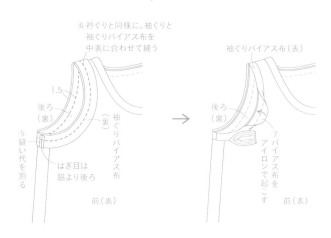

1.5

後ろ（裏）

⑤ 縫い代を割る

はぎ目は脇より後ろ

袖ぐりバイアス布（裏）

前（表）

袖ぐりバイアス布（表）

後ろ（裏）

⑦ バイアス布をアイロンで起こす

前（表）

4 裾を始末する。

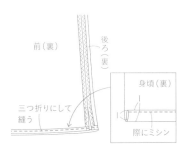

前（裏）

後ろ（裏）

三つ折りにして縫う

身頃（裏）

際にミシン

D コクーンショートハオリ

→p.25、37

[出来上り寸法] ＊左からS／M／L／2L
バスト＝143／148／152／158cm
着丈＝58.5／59.5／60.7／62cm

[パターン] 2表(黒)

[材料] ＊左からS／M／L／2L
表布＝104cm幅190／190／200／200cm
接着芯＝70×70／70／70／70cm
ボタン＝直径2cmを1個

[準備]※裁合せ図も参照
＊前後見返しの裏に接着芯をはる。
＊前後身頃の肩から脇の縫い代端をロックミシンで始末する。

[作り方順序]
1　身頃の肩から脇を、袖口を残して縫う。
2　袖口にステッチをかける。
3　前後見返しの肩を縫う。
4　前端と衿ぐりを見返しで縫い返し、裾を始末する。
5　ボタンホールを作り、ボタンをつける。

[裁合せ図]

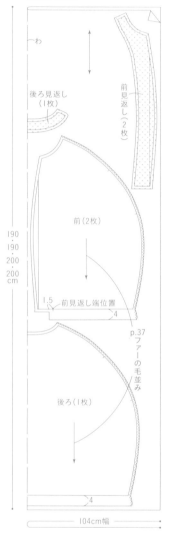

＊指定以外は縫い代1cm
＊ ▨ は接着芯をはる位置
＊用尺は上からS／M／L／2L

[作り方順序]

1 身頃の肩から脇を、袖口を残して縫う。

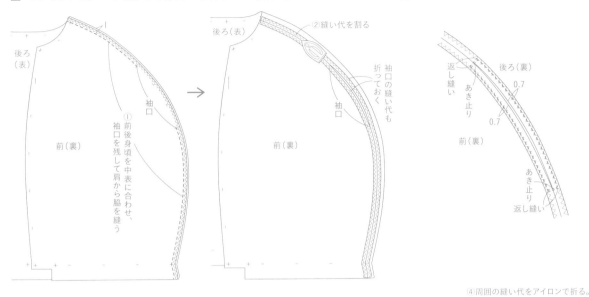

後ろ（表）

前（裏）

袖口

①前後身頃を中表に合わせ、袖口を残して肩から脇を縫う

後ろ（表）

②縫い代を割る

袖口の縫い代も折っておく

袖口

前（裏）

2 袖口にステッチをかける。

後ろ（裏）

返し縫い

あき止り

0.7

0.7

前（裏）

あき止り

返し縫い

3 前後見返しの肩を縫う。

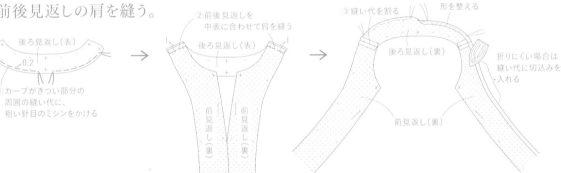

後ろ見返し（表）

0.2

①カーブがきつい部分の周囲の縫い代に、粗い針目のミシンをかける

②前後見返しを中表に合わせて肩を縫う

後ろ見返し（表）

前見返し（裏）　前見返し（裏）

③縫い代を割る

④周囲の縫い代をアイロンで折る。カーブ部分は①の下糸を引いて形を整える

後ろ見返し（裏）

折りにくい場合は縫い代に切込みを入れる

前見返し（裏）

4 前端と衿ぐりを見返しで縫い返し、裾を始末する。

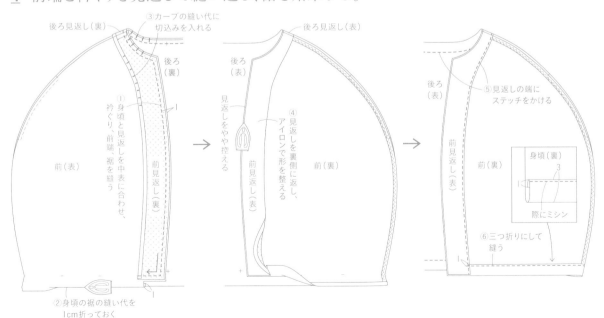

後ろ見返し（裏）

③カーブの縫い代に切込みを入れる

後ろ（裏）

前（表）

前見返し（裏）

①身頃と見返しを中表に合わせ、衿ぐり、前端、裾を縫う

②身頃の裾の縫い代を1cm折っておく

後ろ見返し（表）

後ろ（表）

見返しをやや控える

前見返し（表）

④見返しを裏側に返し、アイロンで形を整える

前（裏）

後ろ（表）

⑤見返しの端にステッチをかける

前見返し（表）

身頃（裏）

3

際にミシン

⑥三つ折りにして縫う

65

E フリーダムベスト

→p.24、40

[出来上り寸法] ＊フリーサイズ
バスト＝115cm
着丈＝74cm

[パターン]　1表（赤）

[材料]
表布＝104cm幅190cm
接着芯＝50×15cm
ボタン＝直径1cmを2個

[準備]※裁合せ図も参照
＊前後見返しの裏に接着芯をはる。
＊前後身頃の肩と脇の縫い代端をロックミシンで始末する。

[作り方順序]
1　身頃の肩を縫い、袖ぐりを始末する。
2　前後見返しの肩を縫う。→p.59 3
3　衿ぐりを見返しで縫い返す。→p.59 4
4　脇を縫い、裾を始末する。
5　ひも通しを縫う。
6　ループを作り、前身頃につける。後ろ身頃にはボタンをつける。
7　ひもを作り、前後身頃のひも通しに通す。

[裁合せ図]

＊指定以外は縫い代1cm
＊▒▒▒は接着芯をはる位置

[作り方順序]

1 身頃の肩を縫い、袖ぐりを始末する。

4 脇を縫い、裾を始末する。

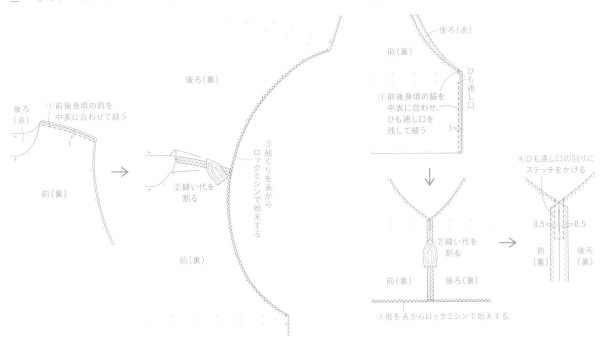

①前後身頃の肩を中表に合わせて縫う

②縫い代を割る

③袖ぐりを表からロックミシンで始末する

後ろ（裏）

後ろ（表）

前（裏）

後ろ（表）

前（裏）

①前後身頃の脇を中表に合わせ、ひも通し口を残して縫う

ひも通し口

②縫い代を割る

前（裏）　後ろ（裏）

③裾を表からロックミシンで始末する

④ひも通し口の回りにステッチをかける

0.5　0.5

前（裏）　後ろ（裏）

5 ひも通しを縫う。

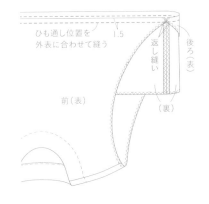

ひも通し位置を外表に合わせて縫う

1.5

返し縫い

後ろ（表）

前（表）

（裏）

6 ループを作り、前身頃につける。
　後ろ身頃にはボタンをつける。

①ループを外表に二つ折りにする

ループ（表）　わ

②いったん折り目を広げ、長辺の端を折り目に合わせて折る

わ

（表）　わ

③①の折り目を折り直して四つ折りにし、②の折り目の際を縫う

（表）　①の折り目

5.5　5.5

④長さ5.5に2本切る

①の折り目

ループ（表）

②の折り目

⑤ループを二つ折りにして前身頃のつけ位置に縫いとめる

0.5

2　ループ

前（表）

ループ

⑥ループを縫い目で折り返し、縫いとめる

前（表）

7 ひもを作り、前後身頃の
　ひも通しに通す。

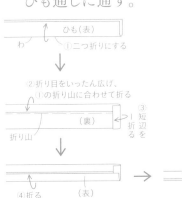

ひも（表）

わ

①二つ折りにする

②折り目をいったん広げ、①の折り山に合わせて折る

（裏）

折り山

短辺を一折る

④折る　（表）

⑤中央を折り直す

（表）

⑥縫い代の端を入れ込む

（表）　わ

※2本作る

⑦際を縫う

J Wワイドパンツ

→p.6、11、13、39

K ファーマーズパンツ

→p.23、33

[出来上り寸法] ＊左からS／M／L／2L
J
ウエスト＝64／67.4／70.4／74.4cm
パンツ丈＝94.5／96／97.5／99cm
K
ウエスト＝64／67.4／70.4／74.4cm
パンツ丈＝89.5／91／92.5／94cm

[パターン] 1表（黒）

[材料] ＊左からS／M／L／2L
J
表布＝106cm幅240／240／240／260cm
接着芯＝15×40／40／40／45cm
ゴムテープ＝5cm幅35／36／37／38cm
K
表布＝106cm幅230／230／230／250cm
接着芯＝15×40／40／40／45cm
ゴムテープ＝5cm幅35／36／37／38cm

[準備] ※裁合せ図も参照
＊前ウエストベルトの裏に接着芯をはる。

[作り方順序]
1　ウエストのタックをたたんで縫い、ダーツを縫う。
　　〈K〉は裾のダーツも縫う。
2　ポケットを作る。
3　脇を縫う。
4　股下を縫う。
5　股上を縫う。
6　ウエストベルトを作り、つける。ゴムテープをつけ
　　て、ウエストベルトを仕上げる。
7　裾を始末する。

[作り方順序]

〈J〉

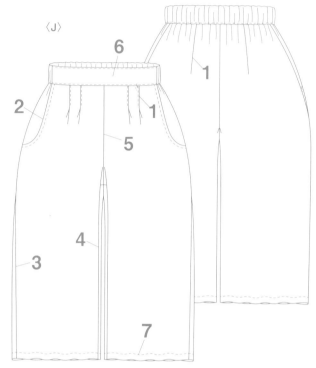

〈K〉

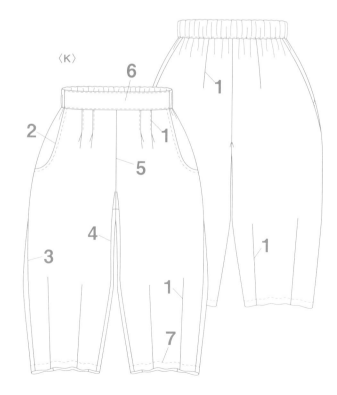

〈J〉

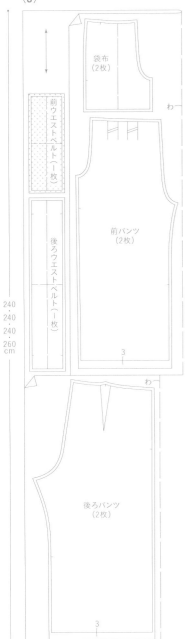

240
・
240
・
240
・
260
cm

袋布
（2枚）

前ウエストベルト（一枚）

後ろウエストベルト（一枚）

前パンツ
（2枚）

わ

3

後ろパンツ
（2枚）

3

106cm幅

＊指定以外は縫い代1cm
＊ [:::::] は接着芯をはる位置
＊用尺は上からS／M／L／2L

〈K〉

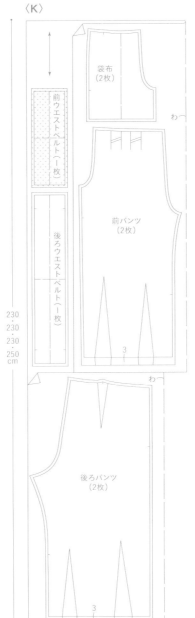

230
・
230
・
230
・
250
cm

袋布
（2枚）

前ウエストベルト（一枚）

後ろウエストベルト（一枚）

前パンツ
（2枚）

わ

わ

3

後ろパンツ
（2枚）

3

106cm幅

1 ウエストのタックを
たたんで縫い、ダーツを縫う。
〈K〉は裾のダーツも縫う。

①前パンツのタックを
たたんで縫う

0.1

縫止り

前パンツ
（表）

②後ろパンツのダーツを
中表に合わせて縫う

わ

ダーツ止り

（表）

後ろパンツ
（裏）

③縫い代をロックミシンで
始末して、中心側に倒す

後ろパンツ
（裏）

〈K〉のみ裾のダーツを縫う

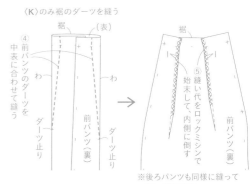

裾

（表）

④前パンツのダーツを
中表に合わせて縫う

わ

わ

ダーツ止り

前パンツ
（裏）

ダーツ止り

裾

⑤縫い代をロックミシンで
始末して、内側に倒す

前パンツ
（裏）

※後ろパンツも同様に縫って
縫い代を倒す

2 ポケットを作る。

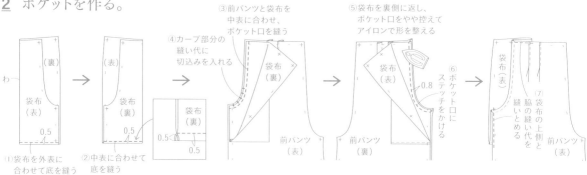

③前パンツと袋布を中表に合わせ、ポケット口を縫う

④カーブ部分の縫い代に切込みを入れる

⑤袋布を裏側に返し、ポケット口をやや控えてアイロンで形を整える

⑥ポケット口にステッチをかける
0.8

⑦袋布の上側と脇の縫い代を縫いとめる

(表) 袋布(裏) 0.5
わ
袋布(表)
(1)袋布を外表に合わせて底を縫う

(表) 袋布(裏) 0.5
②中表に合わせて底を縫う

0.5 袋布(裏) 0.5

袋布(裏) 前パンツ(裏)

袋布(表) 前パンツ(表)

袋布(表) 前パンツ(表)

3 脇を縫う。

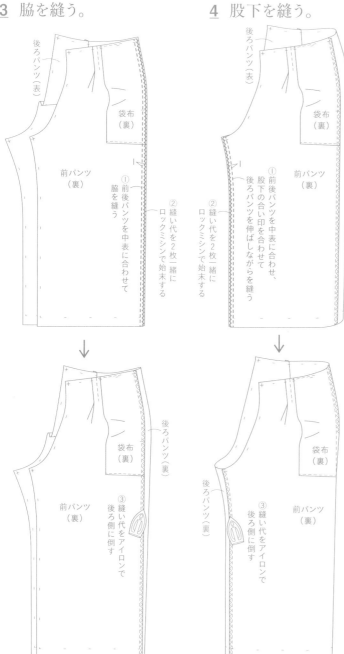

後ろパンツ(表)
袋布(裏)
前パンツ(裏)
①前後パンツを中表に合わせて脇を縫う
②縫い代を2枚一緒にロックミシンで始末する

袋布(裏)
後ろパンツ(裏)
前パンツ(裏)
③縫い代をアイロンで後ろ側に倒す

4 股下を縫う。

後ろパンツ(表)
袋布(裏)
前パンツ(裏)
①前後パンツを中表に合わせ、股下の合い印を合わせて後ろパンツを伸ばしながらを縫う
②縫い代を2枚一緒にロックミシンで始末する

袋布(裏)
前パンツ(裏)
③縫い代をアイロンで後ろ側に倒す

5 股上を縫う。

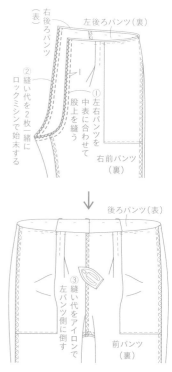

右後ろパンツ(表)
左後ろパンツ(裏)
①左右パンツを中表に合わせて股上を縫う
②縫い代を2枚一緒にロックミシンで始末する
右前パンツ(裏)

後ろパンツ(表)
③縫い代をアイロンで左パンツ側に倒す
前パンツ(裏)

6 ウエストベルトを作り、つける。ゴムテープをつけて、ウエストベルトを仕上げる。

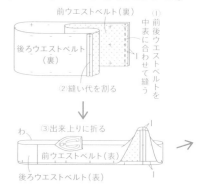

前ウエストベルト(裏)
後ろウエストベルト(裏)
(1)前後ウエストベルトを中表に合わせて縫う
②縫い代を割る

わ
③出来上りに折る
前ウエストベルト(表)
後ろウエストベルト(表)

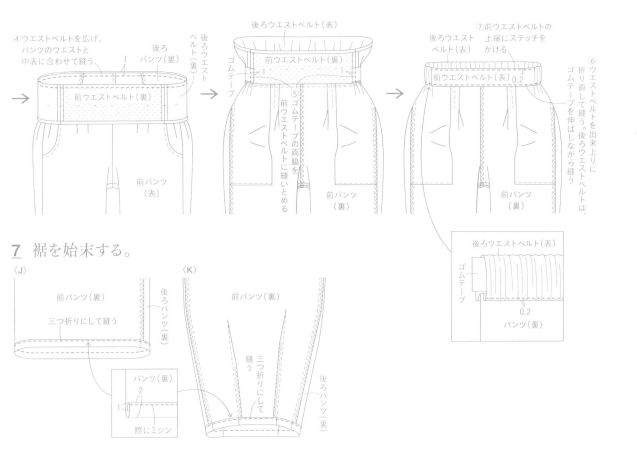

④ウエストベルトを広げ、パンツのウエストと中表に合わせて縫う

後ろパンツ（裏）

後ろウエストベルト（裏）

前ウエストベルト（裏）

前パンツ（表）

後ろウエストベルト（表）

前ウエストベルト（裏）

ゴムテープ

⑤ゴムテープの両脇を前ウエストベルトに縫いとめる

前パンツ（裏）

後ろウエストベルト（表）

⑦前ウエストベルトの上端にステッチをかける

前ウエストベルト（表）0.2

⑥ウエストベルトを出来上りに折り直して縫う。後ろウエストベルトは、ゴムテープを伸ばしながら縫う

前パンツ（裏）

後ろウエストベルト（表）

ゴムテープ

0.2

パンツ（裏）

7 裾を始末する。

〈J〉

前パンツ（裏）

三つ折りにして縫う

後ろパンツ（裏）

パンツ（裏）

2

際にミシン

〈K〉

前パンツ（裏）

三つ折りにして縫う

後ろパンツ（裏）

L テーパードパンツ

→p.9、21、24、36

[出来上り寸法] ＊左からS／M／L／2L
ウエスト＝63／68／72／78cm
パンツ丈＝91／92.5／94／95.5cm

[パターン] 1裏（黒）

[材料] ＊左からS／M／L／2L
表布＝104cm幅230／230／230／240cm
接着芯＝15×25／25／25／25cm
ゴムテープ＝4cm幅47／51／54／59cm

[準備] ※裁合せ図も参照
＊前ウエストベルトの裏に接着芯をはる。

[作り方順序]

1 ポケットを作る。→p.70 2も参照
2 脇、股下を縫う。→p.70 3、4も参照
3 股上を縫う。→p.70 5
4 右前パンツのタックをたたむ。
5 ウエストベルトを作り、つける。ゴムテープをつけて、ウエストベルトを仕上げる。→p.70 6
6 裾を始末する。→p.71 7

[裁合せ図]

（表）

袋布
（2枚）

右前パンツ
（1枚）

左前パンツ
（1枚）

前ウエストベルト
（一枚）

後ろウエストベルト
（一枚）

230・230・230・240cm

後ろパンツ
（2枚）

わ

3

3

3

104cm幅

＊指定以外は縫い代1cm
＊ ▨ は接着芯をはる位置
＊用尺は上からS／M／L／2L

[作り方順序]

5

1

4

3

2

6

1　ポケットを作る。

p.70 **2**と同様。⑥のステッチは下図

袋布（表）

0.5

右前パンツ（表）

2　脇、股下を縫う。

右後ろパンツ（表）

右前パンツ（裏）

①前後パンツ脇を
中表に合わせて縫う

②縫い代を2枚一緒に
ロックミシンで始末して、
後ろ側に倒す

③前後パンツの股下を
中表に合わせて縫う

④縫い代を2枚一緒に
ロックミシンで始末して、
後ろ側に倒す

4　右前パンツのタックを
　　たたむ。

タックを
たたみ
仮どめする

右後ろパンツ（表）

右前
パンツ（表）

左前
パンツ（表）

M アンティークスカート

→p.25、26、41

[出来上り寸法] ＊左からS／M／L／2L
ウエスト＝60.4／65.5／70／76cm
スカート丈＝80.5／82／83.5／85cm

[パターン] 1裏（黒）

[材料] ＊左からS／M／L／2L
表布＝104cm幅220／220／220／230cm
接着芯＝50×20cm
ゴムテープ＝4cm幅31／34／36／39cm

[準備] ※裁合せ図も参照
＊前ウエストベルト、口布の裏に接着芯をはる。
＊前後スカートの脇の縫い代端をロックミシンで始末する。

[作り方順序]
1 脇を縫う。
2 口布、袋布をつけてポケットを作る。
3 前スカートのウエストにギャザーを寄せる。
4 ウエストベルトを作り、つける。ゴムテープをつけて、
　ウエストベルトを仕上げる。→p.70 6も参照
5 裾を始末する。

[作り方順序]

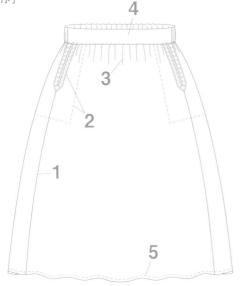

[裁合せ図]

口布(2枚)
0.8　0.8
わ
前ウエストベルト(1枚)
袋布(2枚)
0.8
後ろウエストベルト(1枚)
前スカート(1枚)
0
ポケット口止り
220
220
220
230
cm
2
後ろスカート(1枚)
0
ポケット口止り
2
104cm幅

＊指定以外は縫い代1cm
＊□□□は接着芯をはる位置
＊用尺は上からS／M／L／2L

1 脇を縫う。

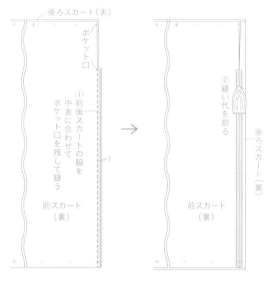

後ろスカート（表）

ポケット口

①前後スカートの脇を中表に合わせてポケット口を残して縫う

②縫い代を割る

前スカート（裏）

前スカート（裏）

後ろスカート（裏）

2 口布、袋布をつけてポケットを作る。

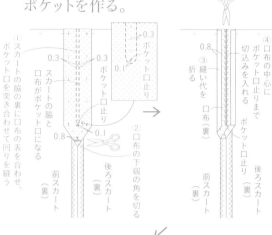

①スカートの脇の裏に口布の表を合わせ、ポケット口と口布がポケット口になる

②口布の下端の角を切る

0.3　0.3　0.3
0.1
ポケット口止り

0.8
0.1

前スカート（裏）

後ろスカート（裏）

③縫い代を折る

0.8

④口布の中心にポケット口止りまで切込みを入れる

口布（裏）

ポケット口止り

前スカート（裏）

後ろスカート（裏）

⑤口布を表側に返し、アイロンで形を整える

⑥口布とポケット口の回りにステッチをかける

0.3　0.8

際にミシン

口布（表）

スカート（表）

ポケット口

口布（表）

後ろスカート（表）

前スカート（表）

⑦袋布の両脇と底の縫い代を折る

袋布（表）

⑧ポケット口の裏に袋布の表を合わせ、両脇と底を縫う

袋布（裏）

0.1

スカートと袋布の中心を合わせる

前スカート（裏）

後ろスカート（裏）

脇

3 前スカートのウエストにギャザーを寄せる。

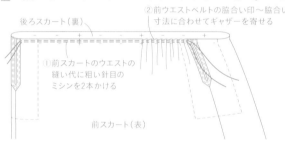

後ろスカート（裏）

②前ウエストベルトの脇合い印〜脇合い印の寸法に合わせてギャザーを寄せる

①前スカートのウエストの縫い代に粗い針目のミシンを2本かける

前スカート（表）

4 ウエストベルトを作り、つける。
ゴムテープをつけて、ウエストベルトを仕上げる。

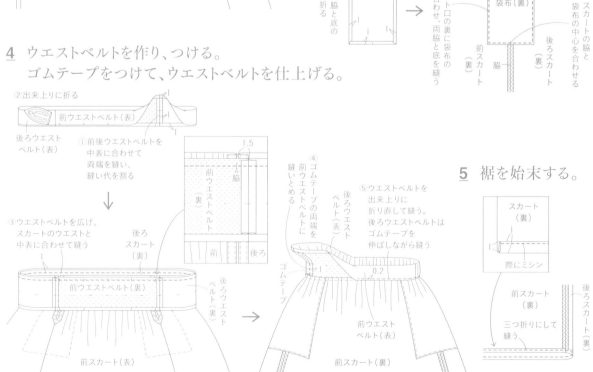

②出来上りに折る

前ウエストベルト（表）

後ろウエストベルト（表）

①前後ウエストベルトを中表に合わせて両端を縫い、縫い代を割る

③ウエストベルトを広げ、スカートのウエストと中表に合わせて縫う

1.5
脇
前ウエストベルト（裏）
前　後ろ
後ろスカート（裏）
後ろウエストベルト（裏）

前ウエストベルト（裏）

前スカート（表）

④ゴムテープの両端を前ウエストベルトに縫いとめる

⑤ウエストベルトを出来上りに折り直して縫う。後ろウエストベルトはゴムテープを伸ばしながら縫う

後ろウエストベルト（表）
0.2
ゴムテープ

前ウエストベルト（表）

前スカート（裏）

5 裾を始末する。

スカート（裏）

際にミシン

前スカート（裏）

後ろスカート（裏）

三つ折りにして縫う

I　レディオタックワンピース

→p.34、35、37

[出来上り寸法] ＊左からS／M／L／2L
バスト＝128.8／134／138／144cm
袖丈＝26／26.5／27／27.5cm
着丈＝98／99.5／101／103cm

[パターン]　1裏（赤）

[材料] ＊左からS／M／L／2L
表布＝104cm幅290／290／290／300cm

[準備]※裁合せ図も参照
＊前身頃の中心、袖下の縫い代端をロックミシンで始末する。

[作り方順序]
1　後ろ身頃のダーツを縫う。
2　肩を縫う。
3　衿ぐりをバイアス布で始末する。
4　前身頃の中心を縫う。
5　脇を縫う。
6　袖を作り、つける。
7　裾を始末する。

[作り方順序]

[裁合せ図]

衿ぐりバイアス布
（1枚）
長さ
S　71.5
M　72.5
L　74
2L　76

わ

0.5

前（2枚）

パターンの上下を
突き合わせる

1.5

290
290
290
300
cm

袖（2枚）

1.5

余分をつけて
裁つ

0.5
0

後ろ（1枚）

パターンの上下を
突き合わせる

1.5

104cm幅

＊指定以外は縫い代1cm
＊用尺は上からS／M／L／2L

1 後ろ身頃のダーツを縫う。

①ダーツを中表に
合わせて縫う

ダーツ止り

（裏）

後ろ（表）

②縫い代をアイロンで
上側に倒す

後ろ（裏）

2 肩を縫う。

②縫い代を2枚一緒に
ロックミシンで
始末する

①前後身頃を
中表に合わせて縫う

後ろ（表）

前（裏）

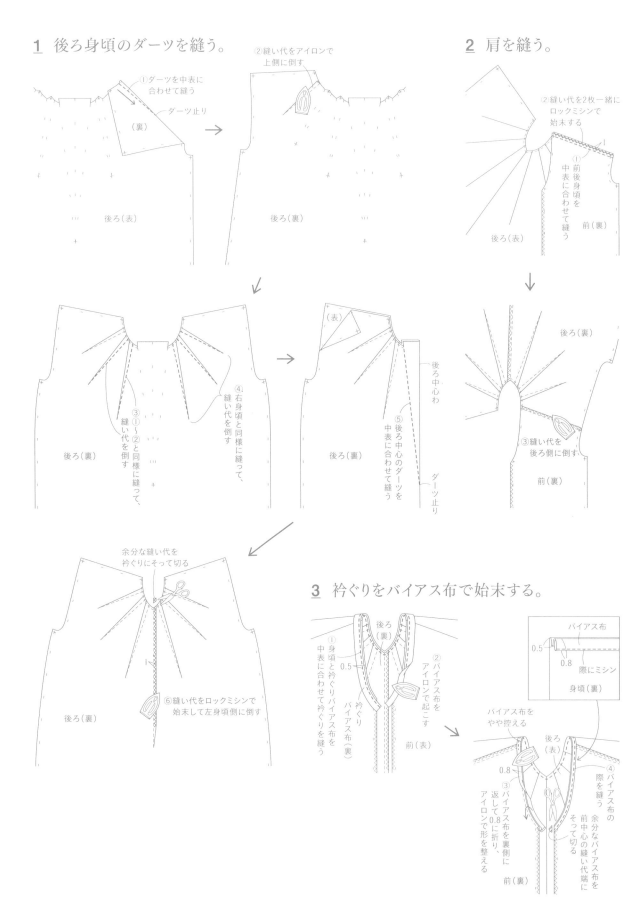

③①～②と同様に縫って、
縫い代を倒す

④右身頃と同様に縫って、
縫い代を倒す

後ろ（裏）

（表）

後ろ中心わ

⑤後ろ中心のダーツを
中表に合わせて縫う

ダーツ止り

後ろ（裏）

後ろ（裏）

③縫い代を
後ろ側に倒す

後ろ（裏）

前（裏）

余分な縫い代を
衿ぐりにそって切る

後ろ（裏）

⑥縫い代をロックミシンで
始末して左身頃側に倒す

3 衿ぐりをバイアス布で始末する。

①身頃と衿ぐりバイアス布を
中表に合わせて衿ぐりを縫う

後ろ
（裏）

0.5

衿ぐり
バイアス布（裏）

②バイアス布を
アイロンで起こす

前（表）

③バイアス布を裏側に
返して0.8に折り、
アイロンで形を整える

バイアス布
0.5
0.8
際にミシン
身頃（裏）

バイアス布を
やや控える

後ろ
（表）

0.8

④バイアス布の
際を縫う

余分なバイアス布を
前中心の縫い代端に
そって切る

前（裏）

4 前身頃の中心を縫う。

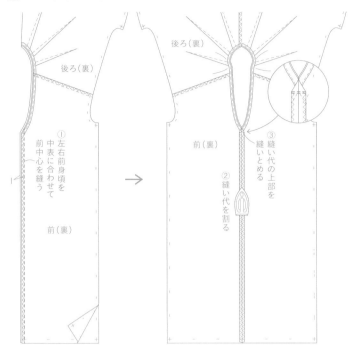

後ろ(裏)

① 左右前身頃を中表に合わせて前中心を縫う

前(裏)

前(裏)

③ 縫い代の上部を縫いとめる

② 縫い代を割る

5 脇を縫う。

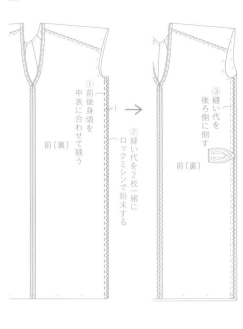

① 前後身頃を中表に合わせて縫う

前(裏)

② 縫い代を2枚一緒にロックミシンで始末する

③ 縫い代を後ろ側に倒す

前(裏)

6 袖を作り、つける。

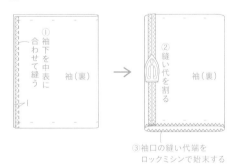

① 袖下を中表に合わせて縫う

袖(裏)

② 縫い代を割る

袖(裏)

③ 袖口の縫い代端をロックミシンで始末する

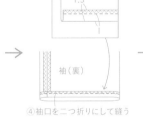

袖(裏)

1.5

袖(裏)

④ 袖口を二つ折りにして縫う

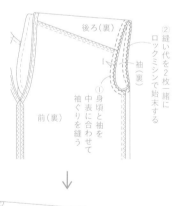

後ろ(裏)

袖(裏)

① 身頃と袖を中表に合わせて袖ぐりを縫う

前(裏)

② 縫い代を2枚一緒にロックミシンで始末する

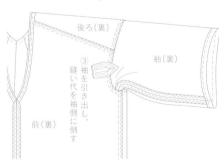

後ろ(裏)

袖(裏)

③ 袖を引き出し、縫い代を袖側に倒す

前(裏)

7 裾を始末する。

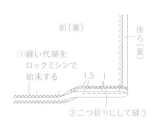

前(裏)

後ろ(裏)

① 縫い代端をロックミシンで始末する

1.5

② 二つ折りにして縫う

F スタンドカラータックドレス

→p.16、17、30

[出来上り寸法] ＊左からS／M／L／2L
バスト＝135／139.8／143.8／149.8cm
着丈＝101／102.5／104.5／106.5cm

[パターン] 1表(黒)、袋布　2裏(黒)

[材料] ＊左からS／M／L／2L
表布＝104cm幅290／290／290／300cm
接着芯＝60×10／10／10／10cm
ボタン＝直径1cmを2個

[準備]※裁合せ図も参照
＊表衿の裏に接着芯をはる。
＊前後身頃の脇、袋布の周囲の縫い代端をロックミシンで始末する。

[作り方順序]
1　前身頃のウエストのタックを縫う。
2　後ろ身頃のウエストのタックを縫い、後ろ中心を縫う。
3　ループを作り、後ろあきにつける。
4　前後身頃の肩のタックを縫い、肩を縫う。
5　衿を作り、つける。
6　ポケットを作りながら、脇を縫う。
7　袖口を始末する。
8　裾を始末する。
9　ボタンをつける。

[作り方順序]

[裁合せ図]

＊指定以外は縫い代1cm
＊ [ ] は接着芯をはる位置
＊用尺は上からS／M／L／2L

1 前身頃のウエストのタックを縫う。

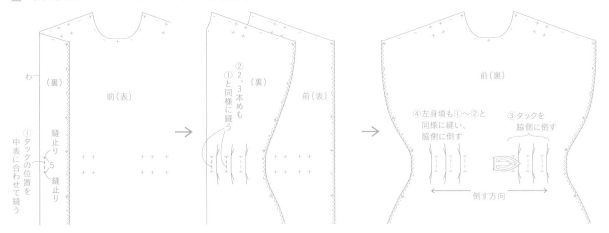

2 後ろ身頃のウエストのタックを縫い、後ろ中心を縫う。

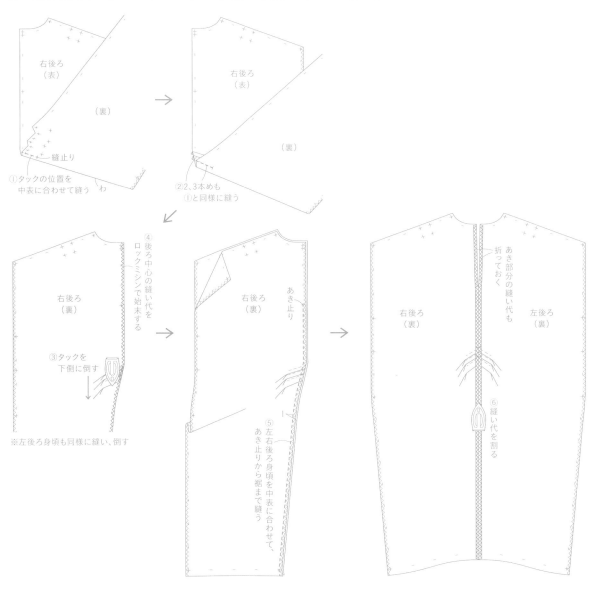

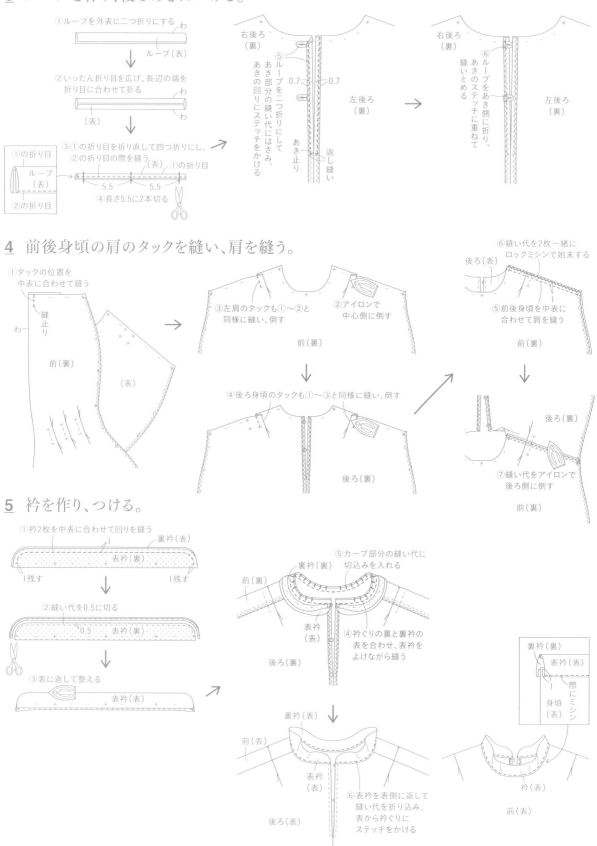

3 ループを作り、後ろあきにつける。

①ループを外表に二つ折りにする

②いったん折り目を広げ、長辺の端を折り目に合わせて折る

③①の折り目を折り直して四つ折りにし、②の折り目の際を縫う

④長さ5.5に2本切る

⑤ループを二つ折りにしてあき部分の縫い代にはさみ、あきの回りにステッチをかける

⑥ループをあき側に折り、あきのステッチに重ねて縫いとめる

4 前後身頃の肩のタックを縫い、肩を縫う。

①タックの位置を中表に合わせて縫う

②アイロンで中心側に倒す

③左肩のタックも①〜②と同様に縫い、倒す

④後ろ身頃のタックも①〜③と同様に縫い、倒す

⑤前後身頃を中表に合わせて肩を縫う

⑥縫い代を2枚一緒にロックミシンで始末する

⑦縫い代をアイロンで後ろ側に倒す

5 衿を作り、つける。

①衿2枚を中表に合わせて回りを縫う

②縫い代を0.5に切る

③表に返して整える

④衿ぐりの裏と裏衿の表を合わせ、表衿をよけながら縫う

⑤カーブ部分の縫い代に切込みを入れる

⑥表衿を表側に返して縫い代を折り込み、表から衿ぐりにステッチをかける

6 ポケットを作りながら、脇を縫う。

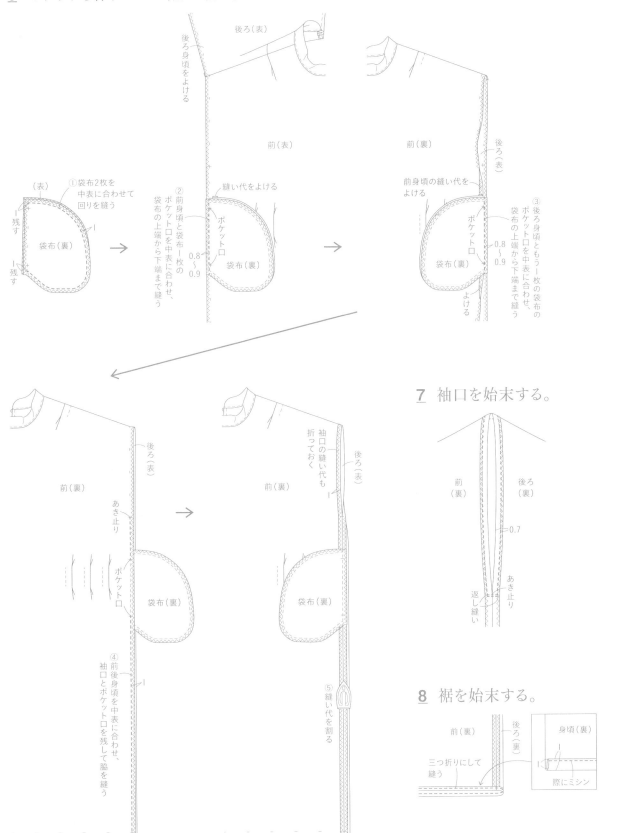

①袋布2枚を中表に合わせて回りを縫う

残す

残す

(表)

袋布(裏)

②前身頃と袋布一枚のポケット口を中表に合わせ、袋布の上端から下端まで縫う

縫い代をよける

後ろ身頃をよける

後ろ(表)

前(表)

ポケット口

0.8〜0.9

袋布(裏)

③後ろ身頃ともう一枚の袋布のポケット口を中表に合わせ、袋布の上端から下端まで縫う

前身頃の縫い代をよける

前(裏)

後ろ(表)

ポケット口

0.8〜0.9

袋布(裏)

よける

④前後身頃を中表に合わせ、ポケット口を残して脇を縫う

前(裏)

後ろ(表)

あき止り

ポケット口

袋布(裏)

⑤縫い代を割る

袖口の縫い代も折っておく

前(裏)

後ろ(表)

袋布(裏)

7 袖口を始末する。

前(裏)

後ろ(裏)

0.7

返し縫い

あき止り

8 裾を始末する。

前(裏)

後ろ(裏)

身頃(裏)

三つ折りにして縫う

際にミシン

81

G 2wayシャツ
→p.10、33、36

H 2wayシャツチュニック
→p.23

[出来上り寸法] ＊左からS／M／L／2L
G
バスト＝133／138／142／148cm
袖丈＝6.2／6.4／6.5／6.7cm
着丈＝56.5／57.5／58.5／60cm
H
バスト＝134／138.8／139.8／145cm
袖丈＝6.2／6.4／6.5／6.7cm
着丈＝97／98.5／100.5／102.5cm

[パターン] 2表（黒）

[材料] ＊左からS／M／L／2L
G
表布＝104cm幅170／170／170／180cm
接着芯＝65×20／20／20／20cm
ボタン＝直径1.3cmを2個
H
表布＝104cm幅250／260／260／260cm
接着芯＝65×20／20／20／20cm
ボタン＝直径1.3cmを2個

[準備] ※裁合せ図も参照
＊表衿、表上側短冊、裏下側短冊の裏に接着
　芯をはる。
＊前後身頃の脇の縫い代端をロックミシンで始
　末する。

[作り方順序]
1　後ろ身頃にあきを作る。
2　肩を縫う。
3　衿を作り、つける。
4　脇を縫い、スリットにステッチをかける。
5　袖を作り、つける。
6　裾を始末する。
7　ボタンホールを作り、ボタンをつける。

[作り方順序]

〈G〉

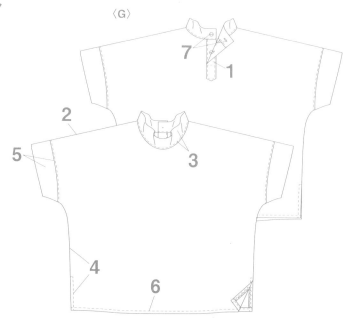

〈H〉

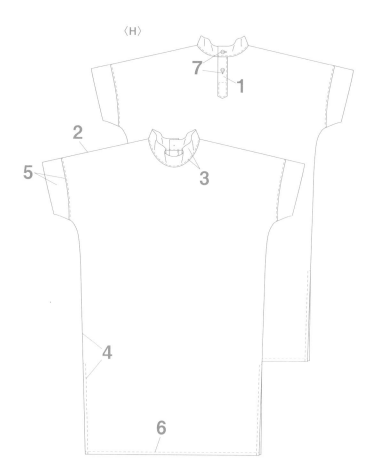

[裁合せ図]

〈G〉

衿(1枚)
表衿側

袖(2枚)

わ

前(1枚)

2

(裏)

後ろ(1枚)

上側短冊（一枚）
0

下側短冊（一枚）
0

2

170・170・170・180cm

104cm幅

＊指定以外は縫い代1cm
＊ ▨ は接着芯をはる位置
＊用尺は上からS／M／L／2L

〈H〉

衿(1枚)
表衿側

袖(2枚)

わ

前(1枚)

◎
パターンの上下を
突き合わせる

2

250・260・260・260cm

(裏)

◆
パターンの上下を
突き合わせる

後ろ(1枚)

上側短冊（一枚）
0

下側短冊（一枚）
0

2

104cm幅

1 後ろ身頃にあきを作る。

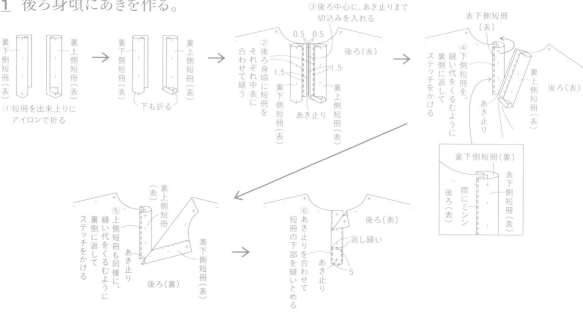

①短冊を出来上りにアイロンで折る

下も折る

②後ろ身頃に短冊をそれぞれ中表に合わせて縫う

③後ろ中心に、あき止りまで切込みを入れる

④下側短冊を、縫い代をくるむように裏側に返してステッチをかける

裏下側短冊（表）
裏上側短冊（表）
後ろ（表）
あき止り

裏下側短冊（裏）
表下側短冊（表）
後ろ（表）
際にミシン

表下側短冊（表）
裏上側短冊（表）
後ろ（表）
あき止り

⑤上側短冊も同様に、縫い代をくるむように裏側に返してステッチをかける

裏上側短冊（表）
あき止り
表下側短冊（表）
後ろ（裏）

⑥あき止りを合わせて短冊の下部を縫いとめる

後ろ（表）
返し縫い
あき止り
5

2 肩を縫う。

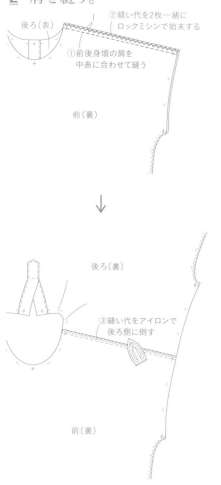

②縫い代を2枚一緒にロックミシンで始末する

後ろ（表）
①前後身頃の肩を中表に合わせて縫う

前（裏）

後ろ（裏）

③縫い代をアイロンで後ろ側に倒す

前（裏）

3 衿を作り、つける。

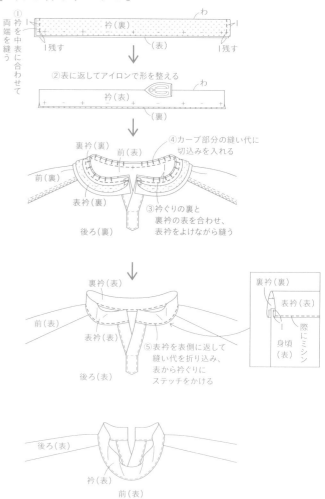

①衿を中表に合わせて両端を縫う

衿（裏）
わ
残す
（表）
残す

②表に返してアイロンで形を整える

衿（表）
わ
（裏）

④カーブ部分の縫い代に切込みを入れる

裏衿（裏）
前（表）
前（裏）
表衿（裏）
後ろ（裏）

③衿ぐりの裏と裏衿の表を合わせ、表衿をよけながら縫う

裏衿（表）
前（表）
表衿（表）
後ろ（表）

裏衿（裏）
表衿（表）
身頃（表）
際にミシン

⑤表衿を表側に返して縫い代を折り込み、表から衿ぐりにステッチをかける

後ろ（表）
衿（表）
前（表）

<u>4</u> 脇を縫い、スリットにステッチをかける。

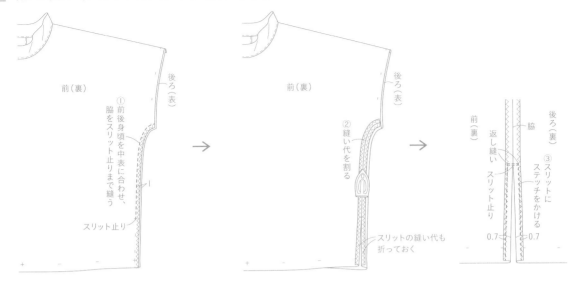

前（裏）　後ろ（表）

①前後身頃を中表に合わせ、脇をスリット止りまで縫う

スリット止り

前（裏）　後ろ（表）

②縫い代を割る

スリットの縫い代も折っておく

前（裏）　後ろ（裏）　脇

返し縫い　スリット止り

③スリットにステッチをかける

0.7　0.7

<u>5</u> 袖を作り、つける。

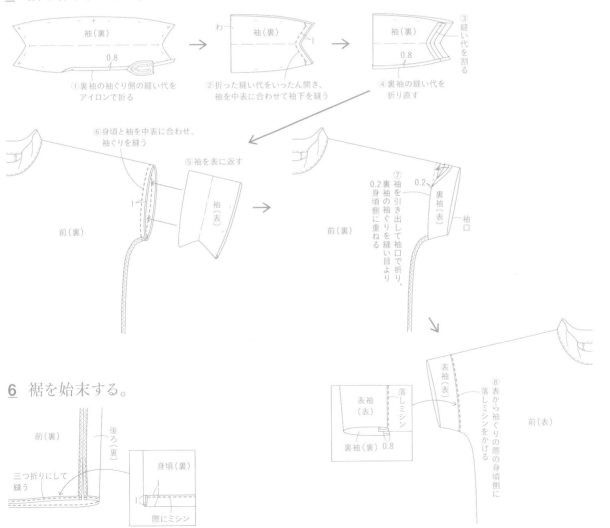

袖（裏）

0.8

①裏袖の袖ぐり側の縫い代をアイロンで折る

わ　袖（裏）

②折った縫い代をいったん開き、袖を中表に合わせて袖下を縫う

袖（裏）

0.8

③縫い代を割る

④裏袖の縫い代を折り直す

⑥身頃と袖を中表に合わせ、袖ぐりを縫う

⑤袖を表に返す

袖（表）

前（裏）

⑦袖を引き出して袖口で折り、裏袖の袖ぐりを縫い目より0.2身頃側に重ねる

0.2　裏袖（表）　袖口

前（裏）

表袖（表）

⑧表から袖ぐりの際の身頃側に落しミシンをかける

前（表）

表袖（表）　落しミシン

裏袖（裏）　0.8

<u>6</u> 裾を始末する。

前（裏）　後ろ（裏）

三つ折りにして縫う

身頃（裏）

際にミシン

N カシュクールローブ半袖
→p.9

O カシュクールローブ八分袖
→p.32、33

[出来上り寸法] ＊左からS／M／L／2L
N
バスト＝104.2／109.4／113.4／119.4cm
着丈＝104／105.5／107.5／109.5cm
O
バスト＝104.2／109.4／113.4／119.4cm
袖丈＝36／37／38／39cm
着丈＝104／105.5／107.5／109.5cm

[パターン] 2表（赤）、袋布 2裏（黒）

[材料] ＊左からS／M／L／2L
N
表布＝104cm幅340／350／350／350cm
接着芯＝65×20／20／20／20cm
ボタン＝直径1cmを1個、直径2cmを2個
O
表布＝104cm幅340／350／350／360cm
接着芯＝65×20／20／20／20cm
ボタン＝直径1cmを1個、直径2cmを2個

[準備] ※裁合せ図も参照
＊前後見返し、ボタンホール布の裏に接着芯をはる。
＊前後身頃の肩と脇、袋布の周囲、〈O〉は袖山と袖下の
　縫い代端をロックミシンで始末する。

[作り方順序]
1　ベルト通しを作り、後ろ身頃につける。
2　身頃の肩を縫う。→p.76 **2**
3　ポケットを作りながら、脇を縫う。→p.81 **6**。ただし〈O〉は
　袖口の縫い代を折らない。
4　〈N〉袖口を始末する（→p.81 **7**）。〈O〉袖を作り、つける。
5　ループを作り（→p.80 **3**）、右前身頃に縫いつける。
6　見返しの肩を縫い（→p.59 **3**）、衿ぐりを見返しで縫い返す。
7　ボタンホール布にボタンホールを作り、前身頃につける。
8　前端を始末して、見返しとボタンホール布にステッチをかける。
9　裾を始末する。
10　ボタンをつける。
11　ベルトを作り、ベルト通しに通す。

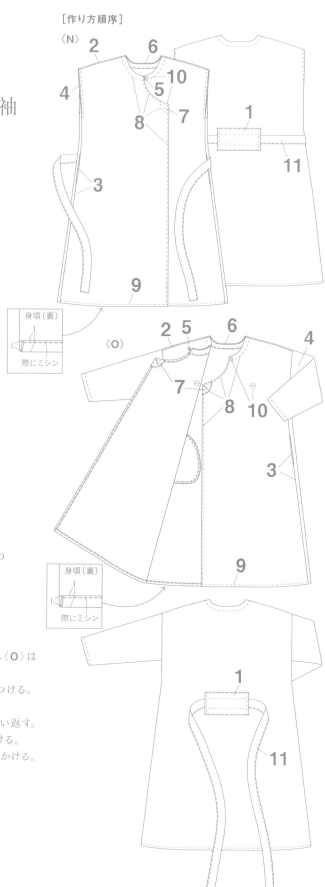

〈N〉
340
・
350
・
350
・
350
cm

〈O〉
340
・
350
・
350
・
360
cm

長さ
193
・
198
・
202
・
208

＊指定以外は縫い代1cm
＊ ▨▨▨ は接着芯をはる位置
＊用尺は上からS／M／L／2L

1 ベルト通しを作り、後ろ身頃につける。

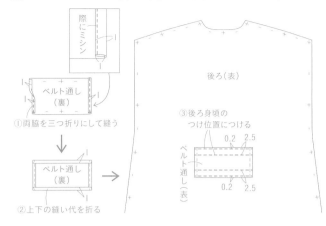

①両脇を三つ折りにして縫う

②上下の縫い代を折る

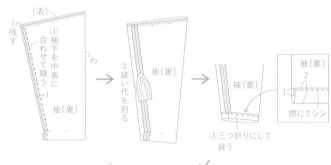

③後ろ身頃の
つけ位置につける

4 〈O〉袖を作り、つける。

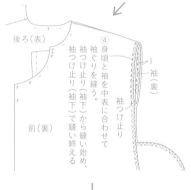

①袖下を中表に
合わせて縫う

②縫い代を割る

③三つ折りにして
縫う

④身頃と袖を中表に合わせて
袖ぐりを縫う。
袖つけ止り（袖下）から縫い始め、
袖つけ止り（袖下）で縫い終える

⑤袖を引き出し
縫い代を割る

5 ループを作り、右前身頃に縫いつける。

ループを作り（p.80 3）、
二つ折りにして右前身頃の
縫い代に仮どめする

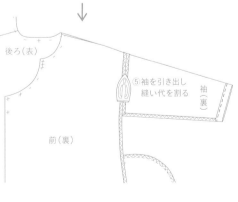

6 見返しの肩を縫い、衿ぐりを見返しで縫い返す。

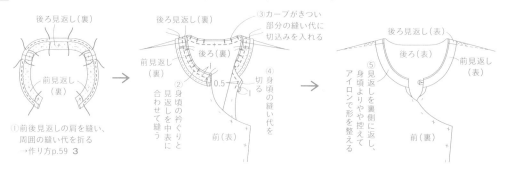

後ろ見返し（裏）
前見返し（裏）
①前後見返しの肩を縫い、周囲の縫い代を折る →作り方p.59 3

後ろ見返し（裏）
前見返し（裏）
後ろ（裏）
③カーブがきつい部分の縫い代に切込みを入れる
0.5
④身頃の縫い代を切る
②身頃の衿ぐりと見返しを中表に合わせて縫う
前（表）

後ろ見返し（表）
前見返し（表）
後ろ（表）
⑤見返しを裏側に返し、身頃よりやや控えてアイロンで形を整える
前（裏）

7 ボタンホール布にボタンホールを作り、前身頃につける。

①ボタンホールを作る
ボタンホール布（表）
②カーブの縫い代に粗い針目のミシンをかける

型紙（裏）
0.5
③裏に型紙を重ねてカーブの縫い代を折り、②の下糸を引きながら形を整える

④前身頃とボタンホール布を中表に合わせて縫う
右前（表）
後ろ（裏）
左前（表）
［右前身頃］
［左前身頃］
ボタンホール布の前端の縫い代を折り、上端を中表に合わせて縫う
ボタンホール布をつけ位置に中表に合わせて縫う

⑤ボタンホール布を表に返す
左前（裏）
後ろ（表）
右前（裏）
0.5
ボタンホール布を表に返し、前端の際を縫う
前身頃の縫い代を切る
［左前身頃］
ボタンホール布（表）
0.5
［右前身頃］

後ろ（表）
右前（裏）
縫い代は折っておく
ボタンホール布（表）
ボタンホール布を裏側に返す

8 前端を始末して、見返しと ボタンホール布にステッチをかける。

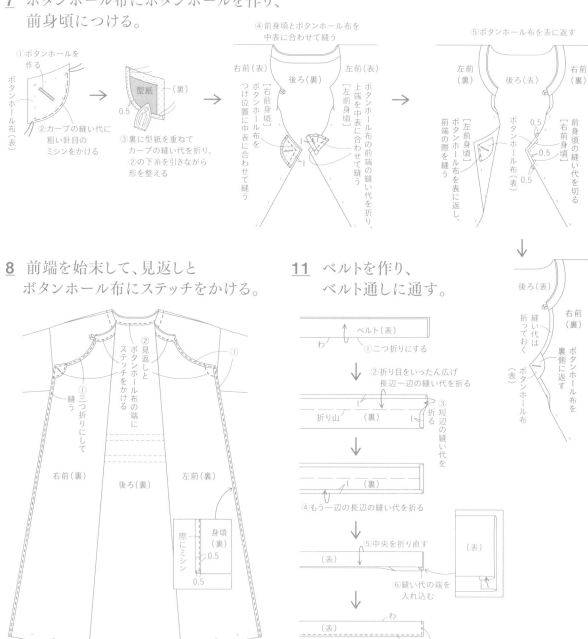

①三つ折りにして縫う
②見返しとボタンホール布の端にステッチをかける
①
右前（裏）
後ろ（裏）
左前（裏）
際にミシン
身頃（裏）
0.5
0.5

11 ベルトを作り、ベルト通しに通す。

わ
ベルト（表）
①二つ折りにする

折り山（裏）
②折り目をいったん広げ長辺一辺の縫い代を折る
③短辺の縫い代を折る

（裏）
④もう一辺の長辺の縫い代を折る

（表）
⑤中央を折り直す
（表）
⑥縫い代の端を入れ込む

（表）
わ
⑦際を縫う

P コックドレス

→p.12、18、20

[出来上り寸法] ＊左からS／M／L／2L
バスト＝107.2／112／116／122cm
袖丈＝38／39／40／41cm
着丈＝109.5／111／113／115cm

[パターン] 2裏（赤）

[材料] ＊左からS／M／L／2L
表布＝104cm幅360／360／360／370cm
接着芯＝90cm幅30／30／30／30cm
伸び止めテープ＝1.2cm幅180／190／200／210cm
ボタン＝直径1cmを2個

[準備]※裁合せ図も参照
＊表衿、前後表ウエストベルトの裏に接着芯をはる。
＊前後ウエストベルトの下端に伸び止めテープをはる。
＊前後身頃の脇、前後スカートの脇、袋布の周囲、袖下の縫い
　代端をロックミシンで始末する。

[作り方順序]
1　前身頃に前当てをつける。
2　後ろ中心を縫い、ループを作って後ろあきにつける。
　　→p.79 2⑤～⑥、p.80 3
3　肩を縫う。→p.80 4⑤～⑦
4　衿を作り、つける。→p.80 5
5　身頃の脇を縫う。
6　ウエストベルトを作る。
7　前身頃の裾にギャザーを寄せて、ウエストベルトをつける。
8　前スカートのタックをたたみ、縫う。
9　スカートにポケットを作りながら、脇を縫う。→p.81 6も参照
10　後ろスカートのタックをたたみ、スカートにウエストベルトを
　　つける。
11　袖を作り、つける。
12　裾を始末する。
13　ボタンをつける。

[作り方順序]

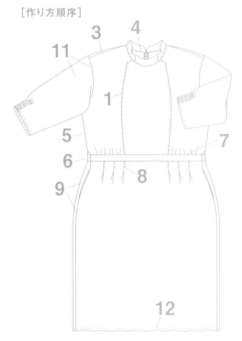

[裁合せ図]

袖(2枚)

わ

2

後ろ(2枚)

前当て
(1枚)

表衿に接着芯

表後ろウエストベルトに
接着芯

後ろウエスト
ベルト(4枚)

衿
(2枚)

表ウエストベルトに接着芯

前ウエストベルト(2枚)

2.5

前(1枚)

袋布
(4枚)

袋布

ループ
1枚

13

1.8

360・360・360・370cm

前スカート
(1枚)

2

後ろスカート
(1枚)

2

104cm幅

＊指定以外は縫い代1cm

＊ ▨ は接着芯、

▭ は伸び止めテープをはる位置

＊用尺は上からS／M／L／2L

90

1 前身頃に前当てをつける。

①前当ての上端と両脇の縫い代を裏に折る

①前当て(裏)

②前当てを前身頃に重ねて縫う

0.1

0.1

前当て(表)

前(表)

6 ウエストベルトを作る。

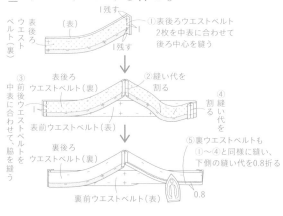

表後ろベルト(裏)

1残す

(表)

1残す

ウエストベルト(裏)

①表後ろウエストベルト2枚を中表に合わせて後ろ中心を縫う

③中表に合わせて、脇を縫う前後ウエストベルトを

②縫い代を割る

④縫い代を割る

表後ろウエストベルト(裏)

表前ウエストベルト(表)

裏後ろウエストベルト(裏)

⑤裏ウエストベルトも①～④と同様に縫い、下側の縫い代を0.8折る

裏前ウエストベルト(表)

0.8

5 身頃の脇を縫う。

前(裏)

後ろ(表)

①前後身頃を中表に合わせて脇を縫う

前(裏)

後ろ(表)

②縫い代を割る

7 前身頃の裾にギャザーを寄せて、ウエストベルトをつける。

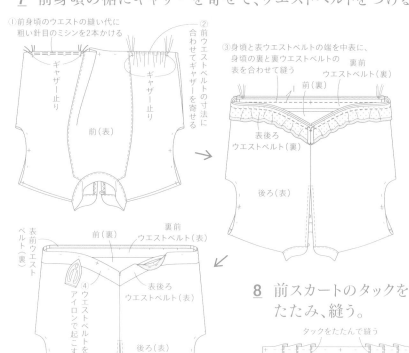

①前身頃のウエストの縫い代に粗い針目のミシンを2本かける

②前ウエストベルトの寸法に合わせてギャザーを寄せる

ギャザー止り

ギャザー止り

前(表)

③身頃と表ウエストベルトの端を中表に、身頃の裏と裏ウエストベルトの表を合わせて縫う

裏前ウエストベルト(裏)

前(裏)

表後ろウエストベルト(裏)

後ろ(表)

前(裏)

裏前ウエストベルト(表)

表前ウエストベルト(裏)

④ウエストベルトをアイロンで起こす

表後ろウエストベルト(表)

後ろ(表)

8 前スカートのタックをたたみ、縫う。

タックをたたんで縫う

0.2

0.2

縫止り

縫止り

前スカート(表)

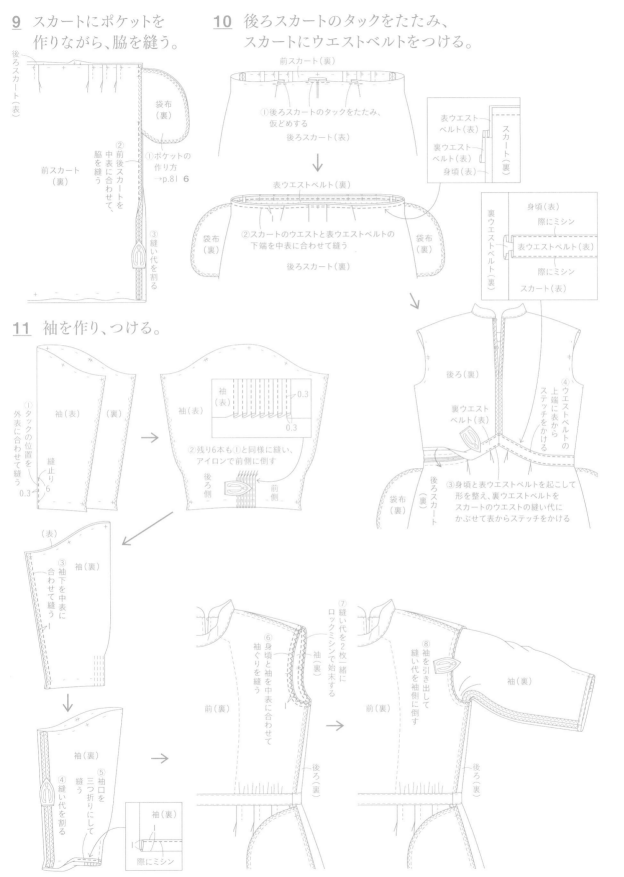

9 スカートにポケットを
作りながら、脇を縫う。

後ろスカート（表）

②前後スカートを
中表に合わせて、
脇を縫う

①ポケットの
作り方
→p.81 **6**

袋布（裏）

前スカート（裏）

③縫い代を割る

10 後ろスカートのタックをたたみ、
スカートにウエストベルトをつける。

前スカート（裏）

①後ろスカートのタックをたたみ、
仮どめする

後ろスカート（表）

表ウエストベルト（裏）

②スカートのウエストと表ウエストベルトの
下端を中表に合わせて縫う

袋布（裏）

後ろスカート（裏）

表ウエストベルト（表）

スカート（裏）

裏ウエストベルト（表）

身頃（表）

身頃（表）

際にミシン

表ウエストベルト（表）

際にミシン

裏ウエストベルト（裏）

スカート（表）

後ろ（裏）

裏ウエストベルト（表）

④ウエストベルトの
上端に表から
ステッチをかける

③身頃と表ウエストベルトを起こして
形を整え、裏ウエストベルトを
スカートのウエストの縫い代に
かぶせて表からステッチをかける

袋布（裏）

後ろスカート

11 袖を作り、つける。

①タックの位置を
外表に合わせて縫う

袖（表）　（裏）

縫止り　6

0.3

袖（表）

袖（表）

0.3

0.3

②残り6本も①と同様に縫い、
アイロンで前側に倒す

後ろ側　前側

（表）

③袖下を中表に
合わせて縫う

袖（裏）

④縫い代を割る

袖（裏）

⑤袖口を三つ折りにして
縫う

袖（裏）

際にミシン

⑥身頃と袖を中表に合わせて
袖ぐりを縫う

⑦縫い代を2枚一緒に
ロックミシンで始末する

前（裏）　後ろ（裏）　袖（裏）

⑧袖を引き出して
縫い代を袖側に倒す

前（裏）　後ろ（裏）　袖（裏）

Q ギャザードレス袖なし
・p.27

R ギャザードレス長袖
・p.28、38、42

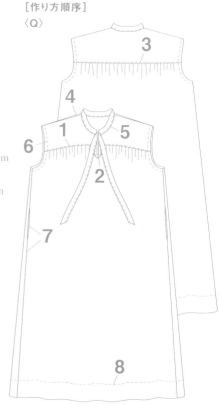

[作り方順序]
〈Q〉

[出来上り寸法] ＊左からS／M／L／2L

Q
バスト＝158.8／164／168／174cm
着丈＝121.5／123／125／127cm

R
バスト＝158.8／164／168／174cm
袖丈＝52／53／54／55cm
着丈＝121.5／123／125／127cm

[パターン] 2裏（黒）

[材料] ＊左からS／M／L／2L
Q
表布＝104cm幅390／390／390／400cm
接着芯＝10×15／20／20／20cm
両折りバイアステープ＝1.27cm幅100／100／100／100cm

R
表布＝104cm幅420／430／430／440cm
接着芯＝45×25／25／30／30cm
ボタン＝直径1cmを4個

[準備] ※裁合せ図も参照
＊前見返し、〈R〉は表カフスの裏に接着芯をはる。
＊前後身頃の脇と袋布の周囲、〈R〉は袖下の縫い代端を
　ロックミシンで始末する。

[作り方順序]
1　前身頃にギャザーを寄せて、前ヨークと縫い合わせる。
2　前あきを作る。
3　後ろ身頃にギャザーを寄せて、表後ろヨークと縫い合わせる。
4　前後ヨークの肩を縫い、裏後ろヨークの下端にステッチをか
　　ける。
5　衿リボンをつける。
6　〈Q〉袖ぐりをバイアステープで始末する。
　　〈R〉ポケットを作りながら、脇を縫う。→p.81 6
7　〈Q〉ポケットを作りながら、脇を縫う。→p.81 6も参照
　　〈R〉袖を作り、つける。→p.91 11⑧も参照
8　裾を始末する。

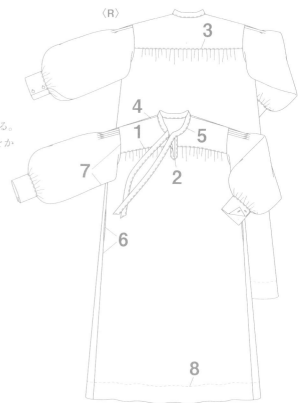

〈R〉

[裁合せ図]

《R》のみ 袖(2枚)

衿リボン (一枚)

袖

表カフス側

《R》のみ カフス(2枚)

前見返し (一枚)

前ヨーク (2枚)

前ヨーク

袋布 (4枚)

袋布

後ろヨーク (2枚)

袋布

後ろヨーク

2.5

《R》
420
・
430
・
430
・
440
cm

前(1枚)

パターンの上下を
突き合わせる

8

後ろ(1枚)

パターンの上下を
突き合わせる

8

104cm幅

1 前身頃にギャザーを寄せて、
   前ヨークと縫い合わせる。

①前身頃のギャザー止り～
ギャザー止りの縫い代に、
粗い針目のミシンを2本かける

ギャザー
止り

前(表)

②①の下糸を引き、前ヨークの
ギャザー止り～ギャザー止りの寸法に
合わせてギャザーを寄せる

③前身頃の表と表前ヨークを中表に、
前身頃の裏と裏前ヨークの表を合わせて縫う

裏前ヨーク (表)

表前ヨーク (裏)

前(表)

⑥衿ぐりに粗い針目の
ミシンをかけて
表裏ヨークを仮どめする

裏前ヨーク (裏)

0.2

5
表前ヨーク (表)

④ヨークを起こして
アイロンで形を整える

⑤ヨークの下端に
ステッチをかける

前(表)

表前ヨーク (表)

0.2

前(表)

2 前あきを作る。

前見返し(裏)

①前見返しの上端以外の
縫い代を折る

②見返しの折り目を広げ、裏前ヨークと
中表に合わせてあきを縫う

③あきの中心に
切込みを入れる

裏前ヨーク (表)

表前ヨーク (表)

前見返し (裏)

0.5   0.5

前(裏)

あき止り

0.1手前まで
切込み

④前見返しを
表側に返し、
縫い代を
折り直す

裏前ヨーク(裏)

表前ヨーク (表)

前見返し (表)

前(表)

⑤見返しの周囲の際に
ステッチをかける

3 後ろ身頃にギャザーを寄せて、
   表後ろヨークと縫い合わせる。

①後ろ身頃のギャザー止り～
ギャザー止りの縫い代に
粗い針目のミシンを2本かけて
ギャザーを寄せる

表後ろヨーク (表)

ギャザー止り

②後ろ身頃と表後ろヨークを
中表に合わせて縫い、
ヨークを起こす

後ろ(表)

＊指定以外は縫い代1cm

＊ ▨ は接着芯をはる位置

＊用尺は上からS／M／L／2L

93

4 前後ヨークの肩を縫い、裏後ろヨークの下端にステッチをかける。

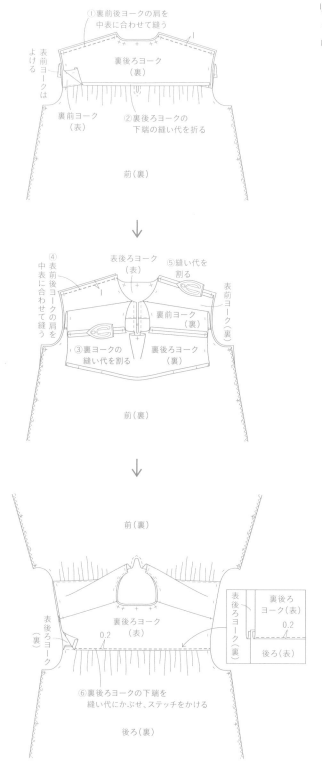

①裏前後ヨークの肩を中表に合わせて縫う

表前ヨークはよける

裏前ヨーク（表）

裏後ろヨーク（裏）

②裏後ろヨークの下端の縫い代を折る

前（裏）

④表前後ヨークの肩を中表に合わせて縫う

表後ろヨーク（表）

⑤縫い代を割る

表前ヨーク（裏）

裏前ヨーク（裏）

③裏ヨークの縫い代を割る

裏後ろヨーク（裏）

前（裏）

前（裏）

表後ろヨーク（裏）

裏後ろヨーク（表）

0.2

⑥裏後ろヨークの下端を縫い代にかぶせ、ステッチをかける

表後ろヨーク（裏）	裏後ろヨーク（表）
	0.2
	後ろ（表）

後ろ（裏）

5 衿リボンをつける。

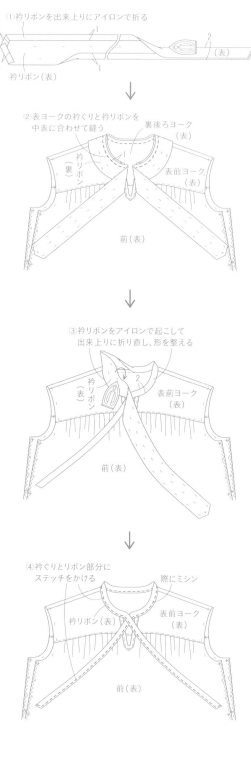

①衿リボンを出来上りにアイロンで折る

衿リボン（表）

2

（表）

②表ヨークの衿ぐりと衿リボンを中表に合わせて縫う

裏後ろヨーク（表）

衿リボン（裏）

表前ヨーク（表）

前（表）

③衿リボンをアイロンで起こして出来上りに折り直し、形を整える

衿リボン（表）

2

表前ヨーク（表）

前（表）

④衿ぐりとリボン部分にステッチをかける

際にミシン

衿リボン（表）

表前ヨーク（表）

前（表）

6 〈Q〉袖ぐりをバイアステープで始末する。

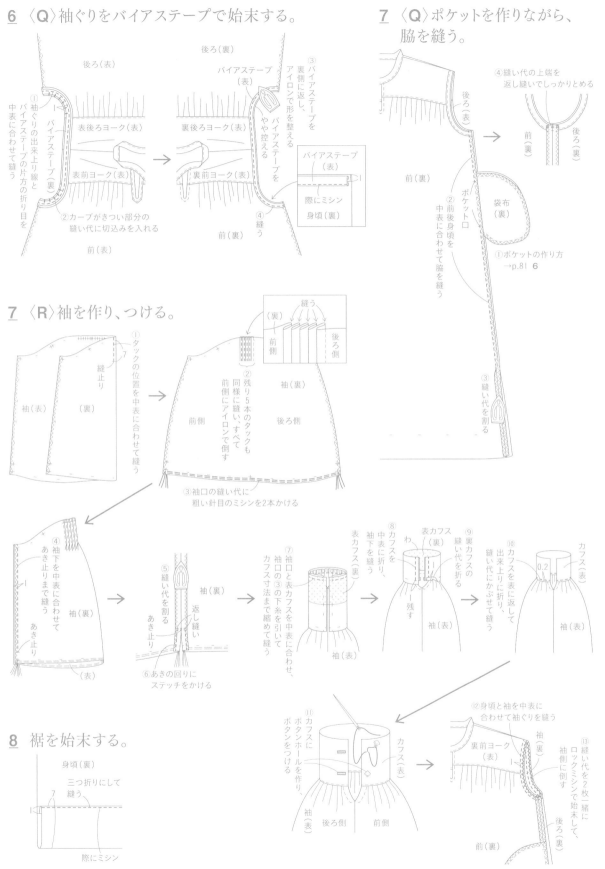

後ろ（表）

表後ろヨーク（表）

表前ヨーク（表）

①袖ぐりの出来上り線とバイアステープの片方の折り目を中表に合わせて縫う

バイアステープ（裏）

前（表）

②カーブがきつい部分の縫い代に切込みを入れる

後ろ（裏）

バイアステープ（表）

裏後ろヨーク（裏）

裏前ヨーク（裏）

③バイアステープを裏側に返し、アイロンで形を整える

バイアステープをやや控える

④縫う

前（裏）

バイアステープ（表）

際にミシン

身頃（裏）

7 〈Q〉ポケットを作りながら、脇を縫う。

後ろ（表）

前（裏）

ポケット口

②前後身頃を中表に合わせて脇を縫う

袋布（裏）

①ポケットの作り方 →p.81 6

④縫い代の上端を返し縫いでしっかりとめる

前（裏）　後ろ（裏）

③縫い代を割る

7 〈R〉袖を作り、つける。

袖（表）　（裏）

①タックの位置を中表に合わせて縫う

縫止り

（裏）　縫う

前側　後ろ側

②残り5本のタックも同様に縫い、すべて前側にアイロンで倒す

袖（裏）

前側　後ろ側

③袖口の縫い代に粗い針目のミシンを2本かける

④袖下を中表に合わせてあき止りまで縫う

袖（裏）

あき止り

（表）

⑤縫い代を割る

あき止り

返し縫い

袖（裏）

あき止り

⑥あきの回りにステッチをかける

⑦袖口と表カフスを中表に合わせ、袖口の③の下糸を引いてカフス寸法まで縮めて縫う

袖（表）

⑧カフスを中表に折り、袖下を縫う

表カフス（裏）

わ

残す

袖（表）

裏カフス（裏）

⑨裏カフスの縫い代を折る

袖（表）

⑩カフスを表に返して出来上りに折り、縫い代にかぶせて縫う

0.2

カフス（表）

袖（表）

⑪カフスにボタンホールを作り、ボタンをつける

カフス（表）

袖（表）　後ろ側　前側

⑫身頃と袖を中表に合わせて袖ぐりを縫う

袖（裏）

裏前ヨーク（表）

⑬縫い代を2枚一緒にロックミシンで始末して、袖側に倒す

袖（裏）

前（裏）　後ろ（裏）

8 裾を始末する。

身頃（裏）

三つ折りにして縫う

際にミシン

伊藤尚美　Naomi Ito

水彩画家・テキスタイルデザイナー。三重県伊賀市在住。自然からのエレメントに着想
を得て、詩を紡ぐように描く。2002年より、「nani IRO Textile」をスタートさせる。
色彩豊かでグラフィカルな絵柄を上質な天然素材の上に表し、日本のみならず、世界各
国の人々を魅了し続けている。書籍の装丁、TVCM、ドラマ、絵本、内装、CI計画、言
葉と水彩を使ったワークショップなども手がける。著書に『ATELIER to nani IROの
ソーイングクローゼット』(文化出版局)、『詩を描く』(ITSURA BOOKS) がある。

https://itonao.com
instagram : @itoitonao

作品デザイン、詩と文　　伊藤尚美
　　　　　　　　　　　　ATELIER to nani IRO

モデル　　　　　　　　　市川実和子
撮影　　　　　　　　　　岡田 潤
　　　　　　　　　　　　坂下丈太郎 (p.2-3,14,44-51,56)
　　　　　　　　　　　　安田如水 (文化出版局) [p.52-55]
スタイリング　　　　　　轟木節子
ヘア＆メイク　　　　　　茅根裕己
ブックデザイン　　　　　角谷 慶 (Su-)

製作進行　　　　　　　　ATELIER to nani IRO
　　　　　　　　　　　　パターン…吉田 愛
　　　　　　　　　　　　作品製作…青木亜希子、鍛治田友紀子、茂 明子
　　　　　　　　　　　　進行…阪倉奈緒子、八田麻央、梶原ゆかり
製作協力　　　　　　　　浦山聡美、桝矢多恵子

作り方編集　　　　　　　髙井法子
取材・文　　　　　　　　田中のり子 (p.47)
デジタルトレース　　　　宇野あかね (文化フォトタイプ)
服型線画　　　　　　　　鍛治田友紀子
パターングレーディング　上野和博
パターントレース　　　　白井史子
校閲　　　　　　　　　　向井雅子
編集　　　　　　　　　　田中 薫 (文化出版局)

協力　　　　　　　　　　株式会社コッカ

衣装協力

bororo
tel.03-6317-9868
(アクセサリー_ p.15,16,23,24,25,34)

que
https://www.instagram.com/que_shoes/
(シューズ_ p.9,20,21,24,26,29,30,33,34,36,38,39)

SUI
https://suilabshoes.wixsite.com/rennie
(シューズ_ p.11,13,23,25)

OLU NATURAL BASIC (インターモード川辺)
0120-047-733
(ストール_p.36)

ATELIER to nani IRO　季節をまとう　一年の服

2021年3月18日　第1刷発行
2022年3月 9日　第2刷発行

著　者　伊藤尚美
発行者　濱田勝宏
発行所　学校法人文化学園 文化出版局
　　　　〒151-8524　東京都渋谷区代々木3-22-1
　　　　電話 03-3299-2485 (編集)
　　　　　　 03-3299-2540 (営業)

印刷・製本所　株式会社文化カラー印刷

文化出版局のホームページ　http://books.bunka.ac.jp/